# 聖デメトリオスは我らとともにあり

## 中世バルカンにおける「聖性」をめぐる戦い

根津由喜夫
Yukio NEZU

山川出版社

1　**テサロニケの街並み**（ギリシア）　ビザンツ帝国第２の都市テサロニケは，強固な城壁と守護聖人，聖デメトリオスの加護によって６世紀以来，多くの夷狄の攻撃を退けてきた。ところが1185年８月，同市はノルマン・シチリア王国軍の軍門に屈し，守護聖人の不在が取り沙汰されることとなる。

2　**タルノヴォの街並み**　ペータルとアセンの兄弟が第２ブルガリア王国の都に定めて以来，歴代君主が王都の整備を進め，14世紀には商工業とスラヴ文芸活動の中心地として栄えた。写真正面，城壁がめぐらされているのが王宮があったツァレヴェツの丘。

**3　王妃シモニスの肖像**（グラチャニツァ修道院，コソヴォ）　1299年，ビザンツ皇帝アンドロニコス２世パライオロゴスの娘で当時５歳だったシモニスは40歳以上年上のセルビア王ステファン・ウロシュ２世ミルティンと結婚する。これを機にセルビアはビザンツの同盟国に転じ，ビザンツの文化的影響を大きく受けることになった。（129頁）

**4　セルビア王ステファン・ウロシュ３世デチャンスキの肖像**（デチャニ修道院，コソヴォ）　父ミルティンに謀反の嫌疑を受けて追放された彼は６年間，コンスタンティノープルで暮らした。帰国し，王に即位した彼が心血をそそいだデチャニ修道院の造営は，彼の死後，息子で後継者のステファン・ドゥシャンに引き継がれる。（134頁）

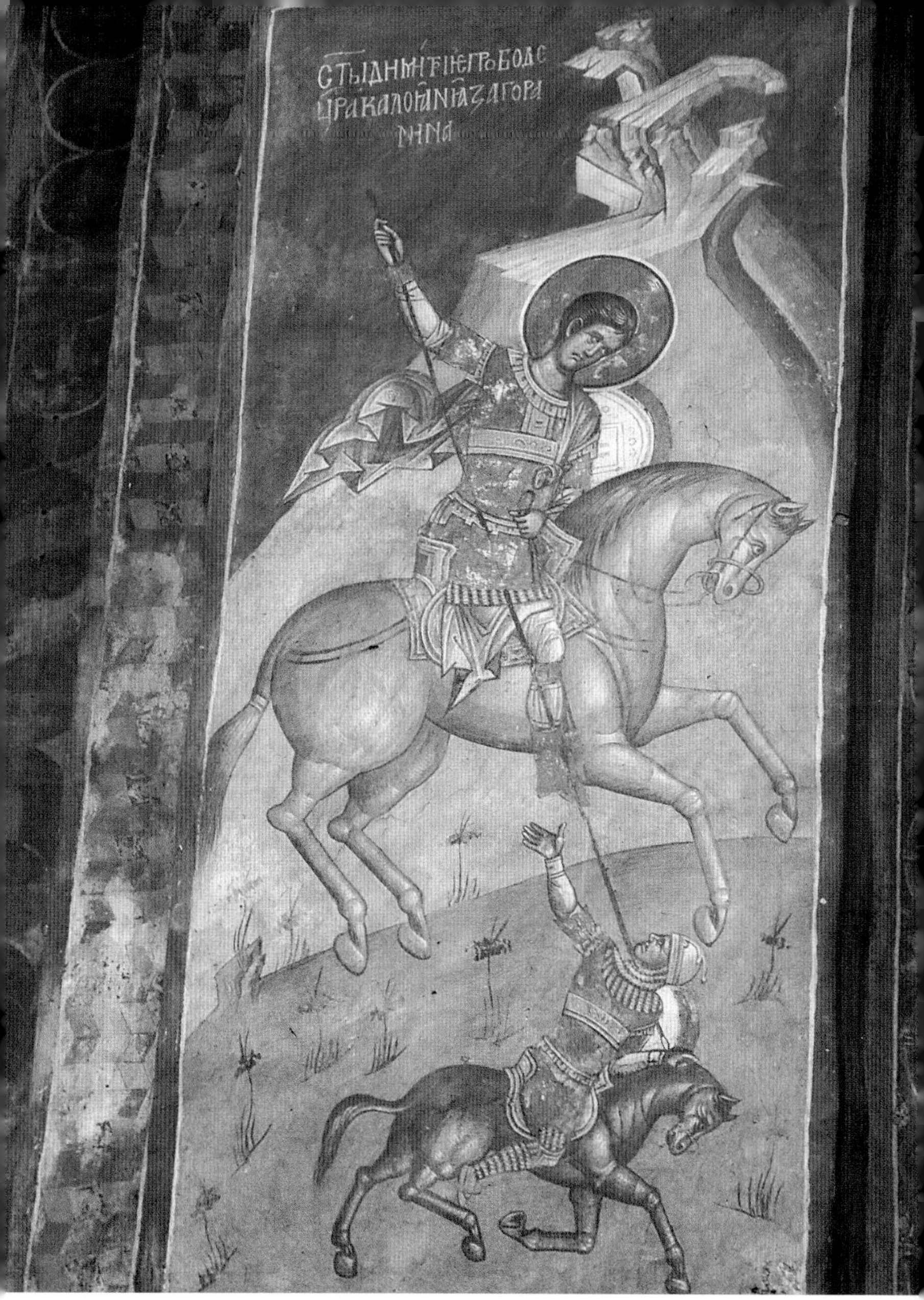

5　ブルガリア王カロヤンを誅殺する馬上の聖デメトリオス（デチャニ修道院）　同種の構図の現存するもっとも早期の作例。ブルガリアを征討し，バルカンの覇者の地位を奪取することをめざすセルビアの野心がこの壁画に投影されているとする説もある。（139頁）

**6　ペーチ総主教座修道院の堂内**（コソヴォ）　14世紀，ペーチ修道院はセルビア王権を支える国家教会の中心として整備された。写真は，聖母ホデゲトリア教会の堂内。手前に見えるのは大主教ダニーロ２世（在位1324～37）の石棺。（137頁）

**7　ブルガリア王カロヤンを誅殺する馬上の聖デメトリオス**（ドラガレヴツィ修道院，ブルガリア）　15世紀後半，オスマン朝支配下のソフィア近郊で壁画製作に従事していた画家には，殺されているのが自分たちの過去の王であるという認識は欠落していたようだ。（150頁）

聖デメトリオスは我らとともにあり　中世バルカンにおける「聖性」をめぐる戦い　目次

ディノゲティア
ノヴィオドゥヌム
シルミウム
ベオグラード
ブラニチェヴォ
モラヴァ川
コンスタンティア
ドリストラ
ドナウ川
ヴィディン
ジュゴス山脈
プリスカ
ロヴェチ
タルノヴォ
ヴァルナ
ニシュ
ハイモス山脈
黒海
プレスラフ
サルディカ
(ソフィア)
メセンブリア
アンキアロス
デヴェルトス
マリツァ川
ヴィゼ
リラ修道院
スコピエ
ストルミツァ
フィリッポポリス
アドリアノープル
アドリア海
ヴァルダル川
プロセク
コンスタンティノープル
オフリド
モシュノポリス
ニコメディア
デュラキオン
セレス
ライデストス
ペラゴニア
エデッサ
アブデラ
キュプセラ
ニカイア
ベロイア
テサロニケ
ガリポリ
ヴァロナ
カストリア
セルヴィア
アトス山

# 聖デメトリオスは我らとともにあり

## 中世バルカンにおける「聖性」をめぐる戦い

# 序章　一枚の絵の謎

その図像に出会ったのはもう随分と昔のことになる。フランスで出版されたビザンツ史の概説書をなにげなくめくっていると、馬に乗り、マントを翻した軍装の聖人が、地面に仰向けに倒れた小さな人間の首元をいまにも槍で刺し貫こうとしている姿が目にとまった(図1)。図の下方には玩具のような小さな馬が描かれているので、倒れ込んでいる男も当初は騎乗していたらしい。[1] 図に付された説明書きをみてみると、「ブルガリア人の時代。テサロニケの聖デメトリオスがツァーリのカロヤンを殺害する。リラ修道院のフレスコ画に基づくデッサン」とある。カロヤンとは、第二ブルガリア王国第三代君主(在位一一九七〜一二〇七)のことだろう。

この図を見て説明を一読したとき、なんともいえぬ奇妙な違和感におそわれたことは今でも記憶に残っている。その奇妙な感覚の淵源を自分なりに遡って探求してみると、それはあらましつぎのようなことになるだろう。この図像が保存されているリラ修道院は、ブルガリア第一の名刹である。ブルガリアが一九世紀にオスマン帝国から独立をはたして以来、同修道院はこの国でもっとも古く、由緒正しい寺院として、王室以下、すべてのブルガリア国民の崇敬を集める存在であった。よりによって、

図1　聖デメトリオス騎馬像のデッサン

*Le temps des Bulgares : saint Démétrios de Thessalonique tue le tsar Kalojan. Dessin d'après une fresque du monastère de Rila.*

なぜそうした修道院に、中世のブルガリア君主が殺される図像が保存されなければならなかったのだろうか。しかも、カロヤン王の属するアセン朝（一一八五〜一二八〇年）は後述するごとく、建国期に件《くだん》の聖デメトリオスの加護を喧伝した歴史を有していた。そのような視点から先の図像をあらためて眺めてみると、ブルガリア王が思いを寄せるほどには聖人は王に対して好意をいだいておらず、前者は思いがけぬ手痛いしっぺ返しを後者から受けているようにも見受けられる。この図は、慕いつづけた聖人から厳しく拒絶されたブルガリア王の哀れな末路を描いているともいえそうである。なんだかいろいろな謎が飛び交い、見れば見るほど不思議な図像なのだが、当時の私には謎解きに挑む能力が決定的に不足していた。そもそもこの絵にはじめて出会った一九八〇年代半ば頃にはまだ、ビザンツの軍事聖者をめぐる研究自体が十分に発達していたとはいいがたく、参照すべき文献にしても、入手困難な二十世紀初頭に刊行されたイッポリュト・ドゥルエの基礎的研究を除けば[2]、こうした課題に正面から取り組んだ研究を見つけることができなかったのが実情であった。

もっとも、研究状況は時をへるに従ってしだいに改善されていったのも事実である。中世初頭におけるスラヴ人のバルカン半島への進出、定住のプロセスに関心を寄せたフランスのビザンツ史家ポール・ルメルルは、アヴァール人やスラヴ人のテサロニケ攻囲が物語られた『聖デメトリオスの奇蹟』を当時のバルカン情勢を考察するための重要な史料として認識し、詳細な註釈を付した同テキストの校訂版を刊行している[3]。また、ジェームズ・C・スケドロスは、一九九九年に、聖デメトリオスがテサロニケの町の守護聖人としての地位を確立する過程を精密に考察した著書を公刊した[4]。ただし、これらの文献が扱う年代は、ルメルルの問題関心が示しているように、中世初頭までに限られており、以下で扱われるような中世後期までは議論がおよぶことはなかった。

その後、二十一世紀にはいると、とくに美術史家を中心としてビザンツ軍事聖者にかかわる包括的な論考がめだつようになる。美術史上のビザンツ軍事聖者を論じたクリストファー・ヴァルター、軍事聖者の武器や軍装に着目したピオトル・Ł・グロトフスキ、十〜十二世紀のビザンツとロシアの軍事聖者を対象としたモニカ・ホワイトらの研究がその代表格といえるだろう[5]。また、これまで政治史や社会史的な見地からビザンツの軍隊や軍事制度の研究に携わってきた研究者たちも、この時期には軍事聖者の存在に関心を示すようになっている。フランスのジャン＝クロード・シェネの一連の研究などはその好例であろう。[6] 最近では、これまでビザンツ軍事組織の発展や社会との関係に多くの考察をかさねてきたジョン・ハルドーンが、軍事聖者、聖テオドロスの聖人伝の翻訳と註釈に携わっている。[7] これらの研究は、近年の心性史や宗教文化史の発展を反映した成果とみることができるだろう。テサロニケの聖デメトリオス研究に関しても、二〇一〇年代以降、これまで手薄だった中世中期から後期までをも視野におさめたユージェニア・ラッセルやフランツ・A・バウアーの包括的な著作が刊行されている。[8] とくにバウアーの著作は文献史料だけでなく、絵画や貨幣などの図像学史料をも幅広く渉猟した大変な労作である。

かくして、はじめて件の図像を目にしてから四半世紀以上もの時をへて、我々は前記の謎を解き明かすための道具立てを今日、ようやく整えることができたように思われる。まずは第一章で聖デメトリオスがテサロニケの守護聖人として生成、発展するプロセスを素描したのちに、この聖者に対する信仰がバルカン地域全体へと普及してゆく過程を追うことにしよう。そうした考察を進めてゆくなかで、最初に提起した我々の問いにもおのずとそれなりの回答が見出されることに望みを託すとしよう。

# 第一章　聖デメトリオス信仰の生成と発展

## 1　聖デメトリオスの殉教

聖デメトリオスは紀元四世紀初めにテサロニケで殉教を遂げた聖人とされている。[1]「されている」というややまわりくどい言い方をしたのは、同時代の史料が皆無であり、その限りでこの聖人の実在を立証する証拠が見出せないからである。彼の伝記に関していえば、現存する写本は以下の三つの系統に基づいている。[2]

通称 Passio Prima「第一の受難伝」は、八七五年に教皇庁の高位聖職者アナスタシウス・ビブリオテカリウスが現在では失われているギリシア語原本からラテン語に訳出したものであり、以下に述べる Passio Altera「もう一つの受難伝」と比べて記述が簡潔なことから「短編版(Shorter Version)」とも称されている。他方、Passio Altera は、八世紀の逸名の著者によって「短編版」の記述をより詳細に改めたものであり、「長編版(Longer Version)」と呼ばれることもある。ちなみに第三の系統に属する Passio Trita「第三の受難伝」は、十世紀の聖者伝作家シメオン・メタフラストスの手になる改稿版であり、独自の歴史的価値はほとんどない。いずれにせよ、現存する「受難」のテキストは、最古のものですら聖人が生きていたはずの時代から数百年ものちに成立しているのだから、それを史実として信じるのは無益なことといわざるをえない。他方、「受難」に語られる聖人の生涯は、後代のビザンツ人には身近なものとなっており、我々としても、今後の議論を展開するうえでそれについての知識が必要となる局面もでてくると思われるので、それに一瞥を加えることは無意味なことではないだろう。そこで以下ではPassio Alteraに基づいて、概略、そのあらすじを把握しておくことにしたい。[3]

ローマ皇帝マクシミアヌス(在位二八六～三〇五)がテサロニケに滞在していたとき、同市の元老院家系の出自で軍の高級将校かつコンスルの地位にあったデメトリオスは、テサロニケのアゴラの近くで宣教していたところを逮捕され、公衆浴場の竈《かまど》部屋の一つに監禁される。拘束中の彼のもとに天使があらわれ、殉教者の冠を授けて祝福する。

テサロニケの闘技場では、皇帝お抱えの剣闘士リュアイオスとデメトリオスの若い弟子ネストルが対決することになった。リュアイオスはローマやシルミウム、テサロニケで幾多の戦いを制した歴戦のヴァンダル人戦士であった。ところが大方の予想に反して勝利をおさめたのは、若年のネストルのほうだった。彼は試合に先立ってデメトリオスのもとを訪ね、その祝福を受けていたのである。この結果に立腹した皇帝は、ネストルを町の西方「黄金門」に連行し、処刑してしまう。あわせて皇帝はデメトリオスをも始末することを決意し、後者は監禁先の浴場で殺害された。遺骸はキリスト教徒の手で現場に埋葬された。それ以後、そこで多くの病者が奇蹟的に平癒することになり、聖人の墓所を訪ねる人々が参集し、やがて聖人の墓を覆うささやかな教会堂が建てられた。

デメトリオスの従者ルーポスは、主人が殺されたとき、血だまりに主人のオラリオン（手巾）と指輪を浸した。ルーポスはこの指輪の威力と祈りによって多くの病人を奇蹟的に回復させ、悪霊に取り憑かれていた人々に正気を取り戻させたと伝えられている。その後、聖人の加護で重病の身から回復したイリュリクムの総督レオンティオスは、感謝の意を示すため、聖人が殉教した場所に大きな聖堂を建立する。これがテサロニケの聖デメトリオス聖堂の起源となった。彼はシルミウムにもデメトリオスに献《ささ》げた聖堂を建立し、そこには聖人の血染めのクラミス（マント状の上着）とオラリオンがおさめられたという。

以上が聖デメトリオスの殉教譚のあらましである。何度もいうように、このテキストが成立するのは聖人が殉教したとされる時代よりも三〇〇年以上ものちのことだから、ここで語られていることを史実として安易に信じ込むのは禁物である。その一方、聖人の埋葬地とされた場所には五世紀に大きな聖堂が出現していたことが知られているので、その時期までにテサロニケで聖デメトリオスに対する信仰は十分に定着していたものと考えられる。そこで、この聖堂が正確にはいつ頃に建立されたものなのか、もう少し考察を加えてみることにしよう。

## 2　聖デメトリオス聖堂の建立

今日、テサロニケの町のシンボルになっている聖デメトリオス聖堂は、前節でも述べたように、こ

図2　聖デメトリオス聖堂（テサロニケ，ギリシア）

の町に聖デメトリオスの信仰が生まれたことを物語る現存する最古のモニュメントである（図2）。この聖堂の建立時期について手がかりを握るのが、聖人の殉教譚の末尾近くに登場する、聖堂を建立したとされる総督レオンティオスという人物である。その名を帯びたイリュリクム総督が同時代史料で確認されれば、その人物が聖堂の建立者に比定され、その在任時期から聖堂の建立された時期が割り出されるという寸法である。そのことに関して、一般には、『テオドシウス法典』のなかで言及されているイリュリクム総督レオンティオスを殉教譚に登場した人物と同定する説が有力とみられていた。彼が総督職にあったのは四一二／三年のことだったので、この時期に聖堂が建立されたということになる。ところがその後、聖デメトリオス聖堂内の柱頭の様式を根拠に、同聖堂の建立は四七五年を遡るものではないという学説[4]が提起されたため、これまでの説は大きく揺らぐことになった。マイケル・ヴィッカースは、二つの学説の齟齬《そご》を埋めるため、新たなレオンティオスを探し求め、四三四／五年にコンスタンティノープルの首都長官(praefectus urbi)を務めた人物を見出す。彼の見立てによれば、この人物は四三五年にイリュリクム総督に転じ、四四一／二年に総督座所がシルミウムからテサロニケに移されたときに聖デメトリオスの聖遺物を同地にもたらしたのだという。[5]彼の学説は、「受難」の記述とは逆に、シルミウムからテサロニケへとデメトリオス信仰が伝えられたという仮説に基づいているのだが、この仮説自体が一般には広く認知されているわけではないことに加え、四四一／二年当時のイリュリクムの総督はレオンティオスではなく、別の人物であったことが判明したため[6]立論自体が大きく揺らいでしまい、今日ではほとんど顧みられることのない学説になっている。

こうした議論を踏まえて、ジェームズ・C・スケドロスは、総督レオンティオスが建立した聖堂と五世紀後半以降に建てられた現聖堂は別であったと想定することで、錯綜する議論に一定の整合性を与えようと試みている。[7]彼が着目するのは、一九一七年八月のテサロニケ大火災後に実施された聖デメトリオス聖堂敷地内の考古学的調査によって、現聖堂の地下構造部から三廊式バシリカ聖堂の遺構が発見されたことである。スケドロスによれば、この三廊式バシリカこそがレオンティオスの寄進した聖堂であり、その後、五世紀後半に同聖堂は五廊式のそれへと大規模な増改築が施されたということになる。たしかにこのようにみれば、これまでうまく噛み合わなかった細部の事実関係に関して、すっきりと説明をつけることができるだろう。ただし、この議論も、現聖堂に先行する三廊式バシリカ聖堂の建立者がレオンティオスだったことを裏付ける証拠を欠く現状では、事実関係を突き合わせた際に生じた矛盾を解消するために考案された、辻褄《つじつま》合せの仮説の域をでるものではない。いずれにせよ、テサロニケの聖デメトリオス聖堂は、この聖人に対する信仰がテサロニケの町に根をおろしていたことを伝えるもっとも古い証拠物件であることには疑問の余地はない。テサロニケの聖デメトリオス聖堂を発信の地として、やがてバルカン・東欧世界全域におよぶ聖人信仰が勃興することになるのである。

## 3 『聖デメトリオスの奇蹟』第一部の世界

六世紀から七世紀にかけて、テサロニケの町を民族移動の大波が襲った。当時、コンスタンティノープルの中央政府はササン朝ペルシア、ついでアラブ・イスラーム勢力という東方の強敵と自らの存亡をかけた戦いを強いられており、テサロニケはほとんど独力で「蛮族」の繰り返し押し寄せる荒波に抗わねばならなかった。テサロニケの住民はこの苦難の時代を耐え抜き、一度も夷狄《いてき》に蹂躙《じゅうりん》されることなく町を存続させることができた。人々はそれを町の守護聖人、聖デメトリオスの加護によるものと考え、さらに彼への尊崇の念を厚くした。

聖デメトリオスに帰された「奇蹟」の数々は、六二〇年代にテサロニケ府主教ヨハネスの手によって『聖デメトリオスの奇蹟』という書物にまとめられている。同じ題目を付した書物はその後、何度も執筆されることになるので、以下ではこの著作は『聖デメトリオスの奇蹟』第一部と呼ぶことにしよう。[8] 同書には全部で一五の奇蹟譚がおさめられている。それらは一つ一つが内容的に完結する説教の形式をとり、最後は聖人への感謝と祈りの言葉で終わっている。そうした構成からみれば、それが、聖人の祭日に聖堂に集まった会衆に対してなされた説教原稿が母体となっていたことは容易に推察できるだろう。注目されるのは、ここで取り上げられているエピソードの大半が著者ヨハネス自身の在任中、あるいは彼の前任者エウセビオスの在任期間中（六世紀末〜七世紀初頭）のできごととされていることである。言い換えれば、著者は、そうした奇蹟に立ち会った同時代人であるか、少なくとも事件に遭遇した目撃証人から情報を得ていたことになる。説教の場にいた信徒たちのなかにも語られた奇蹟の場に居合わせたり、年長の親族から聞かされたりした者も少なくなかったことだろう。まさしくそれは、テサロニケ住民が共通して体験した事件の記録なのである。

この『聖デメトリオスの奇蹟』第一部におさめられた奇蹟譚にははっきりした傾向性が認められる。ルース・J・マクリディスの論考に倣って[9]それを三つにまとめると以下のようになる。(1)聖人信仰の局地性。ここで語られる奇蹟譚は、テサロニケの町、とりわけ聖人が祀られた聖堂内のキボリウム（堂内北側に設置された八角柱の銀製構造物）に収斂する傾向を有している。別の言い方をすれば、ここで取り上げられた話題は基本的にテサロニケ・ローカルなそれに限定されていたのであり、地域の枠組みを超えた全国的な広がりを有するものでは決してなかったということになる。(2)「奇蹟」の共同体的性格。当初、聖人に帰された「奇蹟」は、イリュリクム総督レオンティオスの病癒やしに典型的にみられたように個人を救済するものが多かったが、それがこの時代になると、救済の対象は都市共同体全体へと質的に変換を遂げることになった。(3)自立的・分離主義的傾向。攻め寄せる「蛮族」も、中央から派遣されてくる総督も、等しく「よそもの」として警戒と敵意を込めた視線を向けられることになる。こうした傾向性は、中央政府が地方防衛に関与することがままならず、テサロニケがほとんど自力で難局を乗り切らねばならなかった当時の情勢が色濃く反映されていたことは論を俟たない。その際、後述する飢饉の際のできごとのように、首都コンスタンティノープルに対するテサロニケのライヴァル意識が垣間見られる点も興味深いところである。以下では、もう少し具体的に個々のエピソードを紹介しつつ、こうした『聖デメトリオスの奇蹟』第一部の特質について考察してみることにしよう。

最初に取り上げるのは、五八六年七月にペストがテサロニケの町を襲ったときの話である。[10] またたくまに疫病は町中に蔓延し、多くの市民が病に倒れ、わずかなあいだに大量の死者がでる事態となった。そうしたなか、多くの人々が神の加護にすがるため、教会、とりわけ聖デメトリオス聖堂に避難して堂内に泊まり込むようになったという。著者ヨハネスは、教会に避難した者のほうが自宅にとどまった者より生存率が高かったとは語るものの、前者の全員が救われたとはいっていない。先にも述べたように、この書物で語られている一連のできごとについて、著作成立の時点では聴衆のなかにも鮮明な記憶を保つ者も少なくなかったと想定されるため、著者としても、事実とかけはなれた大風呂敷を広げるわけにはいかなかったのだろう。では、病者の生死は何によって分かれたのだろうか。著者はそれを聖人の意思に帰している。深夜、人々が寝静まった頃、堂内を巡回する聖デメトリオスの姿を見た者がいた。聖人は、皇帝から民衆に恩恵を施与する任務を託されたコンスルのような出で立ちで、眠っている人々のなかで自分が救済したいと思う者には十字の印をつけてまわっていたという。聖人から印をつけられた者はまもなく快方に向かった一方で、聖人に顧みられなかった者たちは、ほどなくして死んでいったと伝えられている。

都市テサロニケの救済者という聖人の特徴は、つぎに述べる飢饉の際の挿話にも色濃く表出している。[11]この「奇蹟」は、年代的には後述するアヴァール・スラヴ連合軍来襲事件に続いて発生しているのだが、所論の都合上、こちらの話を先に取り上げたい。なお、この奇蹟譚は、聖人がテサロニケから遠く離れた場所にはじめて出現した事例としても有名である。

五八六年秋、夷狄の襲来をなんとか乗り越えたテサロニケの町を飢饉が襲った。状況が絶望的なものになろうとしていたとき、「奇蹟」が起こった。穀物を満載した貨物船がつぎつぎと港に入港したのである。最初に到着した船の船長ステファノスは、彼が目撃した不思議なできごとを市民たちに語り聞かせた。彼が語るところによれば、彼の船が、本来の目的地であるコンスタンティノープルをめざしてキオス島の沖を航行していると、突然、目の前に聖デメトリオスがあらわれ、行き先をテサロニケに変更するよう彼を説得したのだという。かねてアヴァール人らの襲来の噂に接していた船長は、テサロニケの町はすでに敵に占領されているのではないかと訝しむと、聖人は町がすでに救済されていることを告げて安全を保障した。聖人は海上を歩いて彼の船を先導し、ステファノス船長も、他の船に出会うたびにテサロニケに向かうよう呼びかけながら航海を続けたのだという。本来は首都コンスタンティノープルに向かうはずの穀物輸送船の進路を聖人の介入でテサロニケに転じさせたことが語られるこの話は、首都に対するテサロニケ市民のほのかな対抗意識を垣間見せてくれる点でも注目されるエピソードだといえるだろう。

さて、テサロニケ都市共同体の守護者としての聖デメトリオスの姿を語る一連の奇蹟譚のなかでも、後世に残したインパクトという点において最大級の刻印を残したできごとといえば、五八六年九月二十二日から一週間におよぶアヴァール・スラヴ連合軍による町の攻囲をおいてほかにない。このできごとを機に、絶体絶命の危機から町を救った聖なる英雄としての聖人のイメージが確立することになるのである。[12]

事の発端は、アヴァール人の君主《ハーン》が突きつけた要求を皇帝マウリキオス(在位五八二〜六〇二)が拒絶したことにあった。憤懣やるかたないハーンは、仕返しとして、帝国第二の都市テサロニケを攻撃することを決意する。彼はアヴァール・スラヴ連合軍を率いて南下し、九月二十二日の日曜日の夜半、一〇万もの大軍がテサロニケの城壁の前に姿をあらわした。攻囲軍はその後の二日間を兵糧集めと攻城兵器の組立てに費やしたのち、二十五日の水曜日から本格的な攻城戦が始まった。攻め手は町の東側に位置するカッサンドレオティケ門に破城槌をすえて突破をはかるとともに、東側の城壁沿いだけでも五〇機以上の投石機を並べて、石つぶての雨を市内に降らせた。一進一退の攻防が続くなか、敵兵の一人が城壁にかけた梯子を登り、胸壁に足をかけようとしたその瞬間、一人の軍人が素早い身のこなしで槍をふるって敵兵を突き落とし、さらに梯子をひっくり返して後続の敵を地面に叩きつけた、と伝えられている。のちに町の当局者はこのとき手柄を立てた勇者に褒美を与えると触れを出し、名乗り出るよう呼びかけたが、だれ一人それに応じる者はなかった。人々は、これこそ聖デメトリオス様が顕現し、自ら町をお守りくださった証であると語り合ったという。

攻囲が始まって三日目の夜、イラストリオスの爵位を帯びた町の有力者は、夢のなかで自分が聖デメトリオス聖堂の玄関廊に立っているのを見出した。すると彼の前を皇帝親衛隊員のような身なりをした二人組が通り過ぎ、聖デメトリオスを祀るキボリウムへと向かっていった。この時点で彼は、件の二人組が神から遣わされた天使であることを悟った。天使たちは、聖人に対して、町の運命はすでに決しているのですぐに町を離れ、彼の主人である神のもとに戻るようにという神の命令を伝えるためにやってきたのだった。ところがキボリウムからあらわれた聖人は悲痛な表情を浮かべながらも、その命令に従うことをよしとせず、このような危難のさなかに自分がテサロニケを離れることはできない、もしも市民たちが救済されるのであれば自分も救済されるであろうし、彼らが滅びるのであれば自分も滅ぶであろうと天使たちに断固とした口調で宣告した。目を覚ましたイラストリオスは、城壁を巡りながら聖デメトリオスが自分たちとともにあることをふれてまわり、防衛軍の士気はさらに高められることとなった。

敵軍が来襲してから七日目の日曜日(九月二十九日)、翌日に敵が総攻撃をしかけることを決意したという情報を逃亡兵から得た市民たちは恐怖に襲われた。ところがその日の八時(午後二〜三時)頃、町を包囲していた敵の陣中から突然、大きな叫び声があがる。敵兵はパニック状態に陥って陣幕や装備を放置し、一部の者は着の身着のまま、武器や装束すら捨てて慌てふためき周囲の山地に逃げ込んだ。日が沈む頃、彼らはバラバラに戻ってきて野営地を略奪し、互いに殺傷し合う様子が望見された。

　夜が明けると、蛮族の大軍は城壁の前から姿を消していた。門前には一握りの蛮族兵が降伏を求めて哀れな声をあげているばかりであった。市内の者たちは当初、これを自分たちを欺く計略ではないかと疑い、すぐに門を開こうとはしなかったが、夜中のうちに全軍が撤退したことを投降者たちが誓って語るにおよび、昼前に彼らを市中に収容した。降伏した蛮族兵が語るところによれば、彼らが逃げ出したのは市内に大軍が隠れているのを知ったからだったという。その軍勢は、日曜の八時にヴェールを脱ぎ、テサロニケの市壁に設けられたすべての門からまさに出撃しようとしていた。彼らが恐慌をきたして周囲の山地に逃げ込んだのは、こうした強大な敵に急襲されることを恐れたからにほかならなかった。彼らは完全に戦意を喪失し、翌日に再度の攻撃を受ければ敗北は必至と考え、夜のうちに撤収することを決めたということであった。話を聞いた市民たちは、自分たちが超自然的な力によって救済されたことを認識したが、そのことが相手に気づかれぬよう、本当に大軍を隠していたように装いながら投降兵の話に聞き入った。敗残兵が目撃した軍勢の指揮官は、赤毛で、輝くような顔立ちをして、白馬にまたがっていた、ということであり、彼らは、近くにいたコンスル級将校の一人のマントをつかんで、このような白いマントを着けていた、と証言した。人々は、それを聖デメトリオスの姿であると確信した。ここにおいて、白馬にまたがる軍装の聖人という聖デメトリオスのイメージがはじめて登場することになる[13]。ただし、その姿が図像として定着し、広く流布するのはもう少しのちのことになるのだが。

　このたびのアヴァール・スラヴ連合軍によるテサロニケ攻囲というできごとは、聖デメトリオスがこの町の守護者としての地位を確立するうえで決定的なメルクマールとなった。この点で、神の命令を伝えるために来訪した天使たちが皇帝親衛隊のような姿をしていたというイラストリオスの発言は重要である。天上の支配者である神は、地上の支配者である皇帝と想念の世界ではパラレルな関係にあり、その命を拒んでテサロニケに踏みとどまる聖人の姿は、中央政府の意向にとらわれない自由で誇り高いテサロニケの都市共同体を象徴しているのである。実際のところ、テサロニケが中央政府の支援なしで外敵と対峙したのは、市民がそれを望んだからではなく、中央政府に支援能力がなかったせいであるのはまぎれもない事実であろう。にもかかわらず、いわばそうした状況を逆手にとって、これを機に市民たちは聖デメトリオス信仰を心の拠り所としながら自律的精神を強めてゆくことになるのである。

　その後もしばらくのあいだ、テサロニケはスラヴ人の勢力圏に囲まれた陸の孤島のような状態が続く。そのことは、別の見方をすれば、テサロニケの町が周囲のスラヴ人の世界にビザンツの文明を積極的に発信する基地の機能をはたしていたともいえるのである。九世紀半ばにはこの町出身のキュリロスとメトディオスの兄弟がスラヴ人に対する伝道活動に活躍し、のちに「スラヴ人の使徒」と称えられるようになるのだが、そうした活躍を可能にした前提として、彼らが生まれ育った町で幼少の頃よりスラヴ語に親しみ、それに完全に熟達していた事実があったことを忘れてはならない。

## 4　十〜十二世紀のテサロニケ

一時はバルカン半島を覆いつくすような勢いを示したスラヴ人の侵攻だったが、七世紀後半頃から潮目が変わり始める。ビザンツ帝国がアラブ・イスラーム勢力の攻勢を押し返し、東方戦線が小康を保つようになると、皇帝は失われたバルカン領土の回復に本格的に乗り出し、軍事遠征を繰り返して、ハイモス（バルカン）山脈以南の地域の再征服を着実に進めていった。併合された領土にはつぎつぎに軍事行政管区（テマ）が設置され、征服地の同化、キリスト教化政策が進められた。テサロニケも九世紀前半にテマ組織に編入されている。[14] 以後、テサロニケはバルカン地域における重要な軍事・行政拠点としての機能をはたしてゆくのだが、その道のりは必ずしも平坦なものではなかった。以下にその代表的なできごとをピックアップしておこう。

九〇四年七月二十九日未明、レオン・トリポリテスの率いる五四隻のアラブ艦隊がテサロニケ前面の海上に出現した。町に攻め寄せたアラブ軍は七月三十一日に城壁を突破して市内に突入し、アラブ側の史家タバリによれば、このとき市民五〇〇〇人が殺害され、二万二〇〇〇人が捕囚となって、当時、イスラーム支配下にあったクレタ島に連れ去られたという。[15]

これまでテサロニケに危難が訪れるたびに町を救ってきた聖デメトリオスは、なぜかこのときには何の行動も起こさず、市民たちが敵の手に落ちるのを傍観するばかりであった。なぜ聖人はテサロニケ市民を救ってはくれなかったのか。だれもがいだいたはずのそうした疑問に対して、十一世紀半ば頃に成立したとされる『聖デメトリオスの奇蹟』第三部は、遅まきながら以下のような説明を提示している。

テサロニケの聖デメトリオス聖堂に巡礼の旅をしていた二人のイタリア人旅行者が、テッサリアのテンペ峠にさしかかったところ、反対側から二人組の旅人がやってくるのに出くわした。驚いたことに、そこで出会った旅人の一人は聖デメトリオスその人だったのである。聖人が語るところでは、市民たちの犯した罪のゆえに彼はテサロニケを離れることを余儀なくされたのであり、もう町に戻る意思はない、とのことであった。さらに彼は、イタリア人の巡礼たちに、テサロニケの町はすでにサラセン人に破壊されたので近寄らぬほうがよい、と助言したという。このときの聖人の容貌は、「髪の色は明るく〔ブロンド、あるいは白髪ということか？〕、おだやかそうな風貌で、重厚な雰囲気」だったという。彼は、同じ理由でラリッサの町を離れた同市の守護聖人、聖アキリウスと連れ立って旅程をたどるところだった。やがて彼らの姿は忽然と消え失せ、イタリア人の巡礼たちだけがその場に呆然と立ちつくすばかりだった。[16]

この話では、聖人がテサロニケの町を救わなかったのは市民たちの犯した罪のせいだということになっている。キリスト教徒の立場からすれば、正しい信仰を奉じる自分たちにはつねに神の加護があり、異教徒は邪悪な存在だったから、普通に戦えば神が味方する自分たちが勝つのがあたりまえということになる。ところが、現実には味方がつねに勝つわけではないことは経験的にだれもが知る事実であった。とはいえ、敵に正義があったから勝ったのだと認めるわけにはいかない。そこで、苦し紛れに考え出されたのが先の説明なのである。すなわち、神が信徒に天災や外寇《がいこう》のような「懲罰」をくだすのは、彼らが罪を犯し、堕落したためであり、彼らに悔い改める機会を提供するためだというのだ。人々が神の正しい教えに復したとき、神は彼らに再び慈悲を垂れてくださるに違いないというのがこの論法の眼目である。

テサロニケ市民の罪深さに愛想をつかして家出した聖デメトリオス様であったが、どうやら故郷への愛着は捨てがたく、いつのまにか元の住まいに舞い戻っていたようである。というのも、十一世紀半ばに再びテサロニケの町は聖デメトリオスの加護で救われる体験をするからである。

一〇四一年、テサロニケの町はブルガリア人の反乱軍によって包囲されていた。これよりも前、数世紀にわたってビザンツと熾烈な戦いを繰り広げてきた第一ブルガリア王国は、後世「ブルガリア人《ブルガロ》殺戮者《クトノス》」の異名を奉られる皇帝バシレイオス二世(在位九七六〜一〇二五)によって一〇一八年に最終的に滅ぼされ、その領土はビザンツに併合されていた。だが、滅亡からまもないこの時期には、ブルガリア国家再興の気運は何かのきっかけさえあれば容易に燃え上がる状態にあり、バシレイオス二世の好敵手だったサムイル王(在位九八七/八〜一〇一四)の孫を自称するペトルス・デリャンが一〇四〇年に反乱の兵をあげると、ビザンツの圧政をきらうブルガリア系住民の多くがそれを支持して、急速に騒乱はバルカン一円に拡大した。デリャンは、ビザンツ軍を脱出して反乱軍に合流したアルシアノス(最後のブルガリア王イヴァン・ヴラディスラフ〈在位一〇一五〜一八〉の息子)に四万の軍勢を預けてテサロニケを攻囲するよう命じた。テサロニケ防衛の任を負った長官コンスタンティノス(皇帝ミカエル四世〈在位一〇三四～四一〉の甥）は城門を開き、市外に打って出て包囲軍に野戦を挑むことを決意する。これに意表を突かれたブルガリア軍は態勢を立て直す暇も与えられず、大混乱に陥って大敗を喫してしまい、これを機にさしもの大反乱も急速に勢いを失ってゆくことになった。[17]

十一世紀後半の歴史家ヨハネス・スキュリツェスは、この決戦の前夜、テサロニケの住民が聖デメトリオスの墳墓に参集して夜を徹して祈りを捧げ、軍人たちは聖人の墳墓から湧き出るミュロン（香油）を全身に塗り込めて戦場での加護を祈念したことを伝えている。[18] 聖デメトリオスは、この時期以降、傷病への驚異的な治癒力を発現する「香油湧出者《ミュロブリュテス》」という異名を帯びるようになるのだが、今回の事例はそのもっとも早い時期に属するものである。[19] さらにスキュリツェスが報じるところによれば、戦いののち、捕虜となったブルガリア兵たちは、戦闘のさなか、一人の若い騎兵がビザンツ軍を率いて奮戦し、火炎を発しながら攻囲軍を圧倒するのを目撃した、と証言した。戦いを勝利に導いたこの若武者こそ聖デメトリオスその人であったことをだれもが信じたことはいうまでもない。[20]

その後のおよそ一五〇年のあいだは、テサロニケとその周辺の地域にとって比較的平和と安定に恵まれた時代ということができるだろう。十二世紀前半に著された作者不詳の諷刺詩『ティマリオン』には、十月二十六日の聖デメトリオスの祭日の前後にテサロニケの城外で開催された大規模な定期市の様子が描かれた有名なくだりが含まれており、内外から多様な人々が詰めかけて取引が交わされる活気と喧噪に満ちた情景が語られていた。[21]

だが、そうした平和な時代も、十二世紀が終りに近づくにつれ、しだいに陰りを見せ始める。一一八〇年にコムネノス朝第三代の皇帝マヌエル一世(在位一一四三〜八〇)が没すると、帝国をめぐる情勢に暗雲がたれ始める。皇帝位をめぐって首都で権力闘争が続くなか、一一八二年の春、コンスタンティノープルのラテン人(西欧人)居留地が襲撃され、西欧系居留民が虐殺されるという事件が起きた。長年、アドリア海をはさんでビザンツといがみ合ってきたノルマン・シチリア王国は、帝国の政情不安に乗じて一気に宿敵をたたくべく、ラテン人虐殺への報復を名分に一一八五年六月に帝国領への軍事侵攻を開始した。バルカン西部に上陸したノルマン軍は破竹の進撃ぶりを示し、八月半ばにはテサロニケの町は陸上と海上の両方から彼らの包囲下におかれていた。このような絶体絶命の危機に直面したときこそ、追い詰められた町の住民に救いの手を差し延べ、絶望の淵から彼らを救い出すのが町の守護聖人の本分というべきだろう。

ところがどうしたことか、こうした危機的状況のなかで、聖デメトリオスは、九〇四年に町の前面の海上にアラブ艦隊が出現したときと同様に一向に姿を見せようとしなかった。結局のところ、テサロニケの町は、およそ一週間にわたる攻防のすえに、八月二十四日、東側の城壁をノルマン軍に突破されて陥落してしまう。市内に乱入したシチリア王国の軍勢は町中で殺戮と掠奪の限りをつくし、七〇〇〇人もの住民がこのとき命を奪われたと伝えられている。町の中心部に位置する聖デメトリオスの聖堂も容赦ない破壊と掠奪にさらされ、堂内に踏み込んだノルマン兵は、戦利品として聖人の黄金の冠や銀の装飾を奪い、聖人像の片足を切り取るという狼藉を働いている。[22] 彼らはまた、罰当たりなことに、聖人の墳墓から湧き出る香油を集めて魚の調理に用いたり、革製の履き物を磨くのに使ったりもしたという。[23] テサロニケ市民にとって唯一の救いは、さらに東に進撃していたノルマン軍が十一月上旬にビザンツ軍の奇襲を受けて大敗を喫し、その後は総崩れになって本国に撤収したため、異国軍の占領期間が二カ月ほどで終わったことだけだった。

それにしても、自らが守る町に数々の恥ずべき行為を加えられても、あまつさえ自らの聖堂を穢《けが》されさえしても、聖人が怒りも示さず、黙って堪え忍んだのはどうしてなのだろうか。このたびの惨禍の目撃者となったテサロニケ府主教エウスタティオスは、例によって、テサロニケ市民が負った罪にその原因を求めている。彼によれば、市民たちが現世の欲望、とりわけ金銭欲に取り憑かれていたことが今回の惨禍を招いたのであり、神は彼らが正しい道に復するための諫《いさ》めとして野蛮なノルマン軍という鞭を振るわれたのだというのである。エウスタティオスが今回のできごとについて詳細な記録を著したのは、彼自身が語るところによれば、町が解放された翌年(一一八六年)初頭に、四旬節に先立って、会衆を前に読み上げられる説教原稿としてであった。[24] 彼はまた、ノルマン軍の来寇《らいこう》に先立ち、聖デメトリオスが町を離れており、それが敵の手に落ちるときまで戻ってこないと「徳の高い人々」が託宣をくだしたが、それをだれも信じなかったことにもふれている。[25] 自分たちの堕落のせいで神の厳しい制裁を受ける羽目になったのだという府主教の主張は、当の市民たちには素直に受け入れられる代物ではなかったことは想像に難くない。だが、そうでなければこの事態をどう説明できるのかと問い返されれば、当時の人々にはそれを上回る理屈をひねり出すのは困難だったのではあるまいか。

かくして、一一八五年八月にテサロニケの町がノルマン軍に占領されたことを機に、聖デメトリオスは同市を離れ、所在不明になってしまったのではないかという憶測が一円に拡散されることになった。行方不明の聖人はどこへ行ってしまったのか。それからまもなく、聖人が見つかったという知らせが届く。その知らせが発せられたのは意外な場所であった。それは、エーゲ海沿岸部から北上し、ハイモス山脈を越えた僻遠の地、かつてのブルガリア王国領の一角からだったのである。

# 第二章　聖者はタルノヴォに去りぬ？

## 序　聖デメトリオスの行方

一一八五年八月、テサロニケの町はノルマン・シチリア王国軍の前に陥落した。この事実を受けて、町の守護聖者である聖デメトリオスは同市を見放したのではないかという風聞が一部に広がっていたことを我々はすでに目にしている。こうした「聖者不在」の状況を、自らの政治的目的を達成するために巧みに活用することを思いついた知恵者がハイモス山脈の彼方にいた。後代、第二ブルガリア王国の建国の祖として知られることになるペータルとアセンの兄弟がそれである。彼らは、ブルガリア王国再興をめざす自分たちの闘争を正当化するシンボルとして聖デメトリオスを担ぎ出した。彼らがいかにして自分たちの都合に合わせて聖デメトリオスの威光を振りまわすことになったのかを明らかにするのが本章の主題となる。だが、そうした本題にはいる前に、以下において主役級の役割を演じることになるペータルとアセンの兄弟とは、そもそもいったい何者なのか、という問題を最初にかたづけておくことにしよう。

# 1　ペータルとアセンとはだれか

ペータルとアセンの兄弟がはじめて史書に登場するのは、一一八五年秋、後述するキュプセラにおけるビザンツ皇帝との会見の場においてのことである。それ以前に彼らが何をしていたのか、あるいはいつ生まれ、どこで暮していたのか、実際のところ、具体的なことはほとんど何もわかっていない。兄弟は、キュプセラにおける皇帝との会見時に皇帝軍に加勢することの見返りに所領の授与を求めているので、ある程度の手勢を率いた地方の小豪族クラスだったと推測できるのがせいぜいである。いずれにせよ、彼らが、給金目当てのしがない雑兵であれば、皇帝に目通りを望んだとしても、とても取り次いではもらえなかっただろうから、それなりの社会的ステータスに属していたと考えることはできるだろう。以下では、この兄弟の出自と生業について、乏しい情報のなかから、いくつか手がかりになりそうなデータを拾い出してみたい。

最初に着目したいのは、「アセン」という名前である。ファイドン・マリングーディスによれば、それは、古テュルク語の esän, osm, esen（いずれも「健全な」「丈夫な」「強健な」といった意味）に由来するクマン系の名前であった。[1] 中世ロシアのラウレンチー年代記には、Asin や Osen という名のクマン人の首領が登場しているとのことであり、「アセン」という名もその同類と考えることができそうである。ただし、クマン系の名前を名乗っていることを根拠に、ペータルとアセンの兄弟はクマン系の出自だった、と断定すれば、軽率の誹《そし》りはまぬがれまい。この種の名前は、通婚関係を介して異なる民族の出身者にも受容されていたことは広く認められる現象だからである。そうした点を踏まえていえば、アセン家の兄弟は、単純にクマン系と言い切ることはできないとしても、過去に先祖のだれかがクマン人と通婚し、後者に由来する名前を一族に受け継いでいた家系に属していた、というあたりが妥当なところといえるだろう。のちにビザンツ軍との戦いにおいて、彼らはしばしばクマン人の軍事支援を得ているが、そうした両者の連携も、それ以前から彼らのあいだに密接な交流があったと仮定すれば理解しやすいように思われる。

反乱にいたるまでの彼らの生業については、第四回十字軍に参加した北フランス・ピカルディーの騎士ロベール・ド・クラーリの記述が参考になる。彼は、第二ブルガリア王国(クラーリは、それを「ヴラキア」と呼んでいる)第三代の王カロヤン(あるいはイワニッツァ、ここではヨハネス)[2]の来歴を以下のように説明している。

ヴラキアは、皇帝の支配下にあった土地であり、このヨハネスは、かつて皇帝の従士(serjans)であり、皇帝所有の牧場の一つを受け持ち、皇帝が六〇頭とか一〇〇頭とかの馬を求めると、このヨハネスはそれらを彼のもとに送ったのである。そして彼は毎年、宮廷にくるのを常にしていたのだが、やがて宮廷の寵を失った。[3]

彼が、宮廷を去るきっかけになったのは、クラーリによれば、宮中で皇帝近習の宦官《かんがん》から鞭で顔面に打擲《ちょうちゃく》を受けたことだったという。このエピソードは、明らかに、このあとに紹介するキュプセラでの一件のやや不正確な伝聞と解釈することができるので、ここで本来、問題となっているのはカロヤンではなく、ペータルとアセンの兄弟であったと考えるべきであろう。そして、そうした仮定が成り立つのであれば、クラーリの話の前段を構成する部分も、本来は両兄弟に帰属する話と考えるのが自然なように思われる。そう考えれば、ペータルとアセンの兄弟は、ビザンツに対する反乱を起こす以前は、皇帝領の牧場を管理する在地役人だった、というのがここから導き出される結論ということになる。マリングーディスはさらに想像をたくましくして、ペータルとアセンの兄弟を、ハイモス山脈北麓に定着して皇帝に馬匹を供給したクマン系牧畜集団の出自であった可能性を示唆している[4]。実際のところは不明というしかないが、クラーリが、ヨハネス王のことを一貫して「ヴラフ人」(Jehans li Blakis)と呼んでいるのをみれば、一義的には彼らはヴラフ人と認識されていたようである。ヴラフ人とは、ハイモス山脈からテッサリアにかけての広い地域に居住し、主として牧畜業に従事していた人々の総称である。そして、その中心的な部分は、現在のルーマニア人と先祖をともにするロマンス系言語集団によって占められていたと考えられている[5]。そうした見地に立てば、彼らがブルガリア王国の再興を唱えたのは、厳密な意味での民族性に基づくわけではなく、ブルガリア系住民の支持を広く集めるためのある種の政治的な方便といえるのかもしれない。

ただ、この問題にはあまり深入りしないことにしよう。いわゆる「第二ブルガリア王国」の本質をめぐり、ヴラフ系とブルガリア系、いずれの要素を重視するかについては、ルーマニアとブルガリア両国の学者のあいだで長年にわたる論争があり、そこには国家の面目も絡むため、純粋な学問レヴェルでの議論が難しくなっている側面があるからである[6]。今はさしあたり、ここまでの考察をまとめて、反乱に立ち上がる以前、ペータルとアセンの兄弟は、ハイモス山脈の周辺で皇帝領の牧場を管理する在地役人を務めており、近在のクマン人系集団とも交流を有するヴラフ系の在地有力者層に属していた、と想定するにとどめておこう。そうした意味において、もしも彼らが反乱を主導することさえなければ、彼らは歴史の表舞台に立つこともなく、無名のまま、時の流れのなかで忘れ去られていったとしても不思議ではなかったのである。

## 2 ペータル・アセン兄弟の反乱

一一八五年秋、ビザンツ皇帝イサキオス二世アンゲロス(在位一一八五~九五、一二〇三~〇四)は、アドリアノープルから南西およそ八五キロに位置するキュプセラの宿営地にいた。彼は同年九月十二日に帝位に就いたばかりであった。即位まもない彼がとるものもとりあえず、急ぎ出陣していたのにはわけがあった。当時、ビザンツ領バルカン地域には、ノルマン・シチリア王国の大軍が侵攻しており、その先鋒部隊は帝都をめざして進撃中だったのである。すでに八月二十四日には、帝国第二の都市テサロニケが陥落していた。皇帝は、彼らの進軍を阻止すべく、最大限の軍隊を動員して迎撃にあたらせる一方で、自らも前線近くで指揮を執るべく、都を発って、キュプセラにまで進出していたのである。

ペータルとアセンの兄弟が皇帝の陣中を訪ねたのはこのときのことである。彼らは皇帝に謁見を求め、ハイモス山脈周辺の所領を褒美としてくれるのであれば、軍事奉仕を提供したい、と言上した。

ところが、彼らの提案は皇帝側の関心を引かなかったらしく、にべもなく撥《は》ねつけられてしまう。面目を失って兄弟は激昂し、怒りに駆られて、地元で反乱を引き起こすなどと口走り、恫喝めいた態度をとったため、とくに無礼な態度が目にあまったアセンは、皇帝の叔父、セバストクラトールのヨハネスの指示で顔面を殴打され、侮辱を加えられて皇帝の御前から退散することを強いられた[7]。兄弟は、憤怒と屈辱感が入り交じった荒ぶる感情をいだいたまま故郷への道を急ぐことになる。

地元に戻ったペータルとアセンの兄弟は、ただちに現地の住民たちを焚《た》きつけて反乱を起こそうと奔走したが、最初のうちはたいした支持は得られなかったようだ。地元の民からすれば、軽はずみに反乱などに加わって、それが赤子の手をひねるように皇帝軍に鎮圧されてしまえば、どんな罰が加えられるのかわかったものではなかったのだから、彼らが気乗り薄だったのはあたりまえであった。だれが好き好んで負け戦に命を投げ出すだろうか。兄弟は、腰の引けた同胞たちを翻意させ、反乱へ結集させるために一計を案じた。兄弟が現地住民を反乱へと駆り立てた策略を報じる以下のニケタス・コニアテスの記述は、本章の核心をなすものであるため、少々長いが関係する箇所の全文を引用しておこう。

ヴラフ人たちは当初、反乱をためらい、それにそっぽを向き、ペータルとアセンが主張していることについて事態の重大さをまともに受け止めようとはしなかった。同胞のそうした臆病風をはらおうと、前記の兄弟は善良なる殉教者デメトリオスの名を奉じた礼拝堂を建立し、〔ブルガリアとヴラフの〕両民族から神霊に憑依《ひょうい》された人々を招集した。〔それは〕血走った目をして狂気を帯び、髪を振り乱すなど、まさしく悪霊に取り憑かれた兆候を帯びた人々であった。そうした悪霊憑きの人々に、彼らは、こう言いふらすように申し入れた。神はブルガリアとヴラフの民の解放を承認し、長年におよぶ軛《くびき》を振り落とすことに同意されたのであり、このためにキリストの殉教者デメトリオスをテサロニケの都と同地の教会、そしてローマ人のもとでの安逸な暮しから離れさせ、きたるべき事業に加勢し、協力する者として自分たちのところにこさせたのだ、と。こうした狂人たちはほんの少しのあいだ、黙り込み、突然、悪霊に完全に取り憑かれた人々は群れ集まって興奮し、まるで霊感を与えられたかのごとく、恐ろしい声で、いまやそのように座り込んでいないで手に武器をとり、ローマ人に立ち向かうのだ、と叫びだした。しかるに戦いで捕虜にした者は拘束したり、生かしたままにしたりせず、無慈悲に殺すべきとされ、身代金をとって解放することも、懇願に屈することも、女の寝床で柔弱になったりもせず、あらゆる降伏した人々に対してダイヤモンドのように強硬に、捕らえられた全員を殺害するように、と。

そうした預言者のもとに部族全体が結集し、万人が武器をとった。そして、すぐさま反乱は彼らのもとで成功をおさめたので、神は両民族の解放に同意されたことが確信されることになった。そこでわずかのあいだに彼らは、自分たちが解放され、自由になった地を支配し、「ジュゴス」を越えた地域へと広がった。兄弟の一方であるペトロスは黄金の小さな花冠を頭にいただき、足には緋色に染めたサンダルを履いていた。[8]

補足しておくと、コニアテスの言う「ローマ人」とはビザンツ人のことであり、末尾近くに登場する「ジュゴス」という地名は、ギリシア語で「轭」を意味しており、ここではハイモス山脈を意味していたと考えられる。[9]なお、これまで慣用に従って「ペータルとアセンの兄弟」という呼称を繰り返し用いてきたが、厳密にいえば、兄弟の一方が「ペータル」(ギリシア語ではペトロス)と名乗ったのは、この挙兵以後のことであった公算が高い。というのも、彼の実名はテオドロスだったことを伝える史料があるからである。「ペータル」は、第一ブルガリア王国時代の王(在位九二七～九六九)の名であり、その名を称することで同王国再興という彼らの唱えるスローガンが強くアピールされる効果を期待していたのは明らかだろう。[10]ペータルが黄金の冠をかぶり、緋色に染めたサンダルを履いているのは、明らかにビザンツ皇帝の正装を意識しているように思われるが、そうした装束は第一ブルガリア王国の君主たちもまとっており、第一義的にはそうした意味で理解しておくのが妥当であるように思われる。

続いて挙兵がなされた時間と場所についても考察を加えておこう。マインツ大学でビザンツ史を講じるギュンター・プリンツィンクは、一一八五年九月十二日から十一月七日までのあいだに一連のできごとが継起した、と考えている。[11]九月十二日は皇帝イサキオス二世が即位した日であり、キュプセラ事件は当然、それよりのちのできごととなる。一方、十一月七日は、帝都をめざして進軍していたノルマン・シチリア王国軍がビザンツ軍の攻撃を受け、惨敗を喫した日付である。この日を境にノルマン軍は総崩れとなって敗走に転じたため、帝国は深刻な軍事危機からこれ以後、脱することが可能になった。反乱を企むペータルとアセンの兄弟にすれば、自分たちの作戦を成功させるには、ビザンツ軍がノルマン戦に釘付けになっているあいだに挙兵するのが絶対条件だったことを鑑みれば、彼らの決起はこの日付以前に想定するのが合理的であろう。これに関連して、プリンツィンクは、ペータルとアセンの兄弟が聖デメトリオスの加護を持ち出していることに注目し、そうした演出が最大の効果をもたらすのは、十月二十六日の聖人の祭日であることも指摘している。この仮説の当否を史料的に検証するのは困難だが、この前後のできごとや状況を踏まえれば、兄弟が劇的効果を狙って、聖人の祭日を期して挙兵を決行した可能性は捨てきれないように思われる。

　反乱が宣言された場所としては、通説に従って、第二ブルガリア王国の都となったタルノヴォの、現在、聖デメトリオスに献げられた教会堂(図3)が建つ場所に比定しておきたい。なぜタルノヴォなのか、という問いに明確な回答を用意することはできないが、この町がその後、反乱活動の拠点として機能し、やがて王国の都に発展することを思えば、もともと彼らの活動域の中心がこのあたりにあったと考えて大過ないのではないだろうか。

　コニアテスの記述をみると、ペータルとアセンの兄弟は、挙兵計画を立案したあとで急遽、聖デメトリオスに献げた礼拝堂の建立に取りかかったことがわかるので、挙兵当時、参集した人々が目にしたのは、現在、その地に建っているような煉瓦作りの教会堂ではなく、アレクサンドル・マドゲアルが指摘するように、大急ぎで建てられた粗末な木造の建物か、あるいは、礼拝用の聖具類を設《しつら》えた特設の天幕のような代物であったと考えられる。[12] 八月二十四日にノルマン・シチリア王国軍によってテサロニケが陥落したというニュースは、ハイモス山脈北麓のこの地にも届いていたであろうから、聖

図3　聖デメトリオス教会（ヴェリコ・タルノヴォ，ブルガリア）

デメトリオスが同市を見捨てたのではないか、という噂はすでに流布していたとしても不思議ではない。ただ、この点でいささか疑問に感じられるのは、かりに、聖デメトリオスがテサロニケから立ち去ってしまったらしい、という点では世間の意見が一致したとしても、聖人の転居先がタルノヴォであることを、いかにして多くの人々（あるいは少なくとも、反乱に結集すべきタルノヴォ周辺の住民たち）に納得させることができたのか、という点である。ペータルとアセンの兄弟には悪いが、粗末な木造礼拝堂だか天幕だかに案内されて、こちらに聖デメトリオス様が遷御されたのだぞ、と宣言されたところで、それを真に受けて平伏する輩《やから》など、よほどのお人好しか愚か者でない限り、皆無だったのではなかろうか。コニアテスの伝えている、神憑《かみがか》りの人々のパフォーマンスはそれなりの効果はあったにしても、それに加えて、聖デメトリオスが本当にこの地に来臨されていることを納得させる道具立てがほかに何か必要だったのではなかろうか。そうした意味で、すでに何人かの研究者が指摘しているように、急造の礼拝施設には、テサロニケから持ち出された聖なるイコンなり、聖遺物なりが祀られていた、と想像することは妥当な仮説といえそうである。[13]それに関する状況証拠もある。以下に引用するのは、同時代の教会法学者テオドロス・バルサモンが起草した「反逆者ストラボペテロスの屋敷で皇帝によって発見された聖デメトリオスに」と題するエピグラムの抜粋である。

私〔＝皇帝？〕はささやかな光で巨人の汝を照らす
というのも暗闇に隠されていた汝を見つけ、
反逆を運命づけられていた石の心臓から
あたかもトゲに囲まれて咲き誇るバラのごとく、
あたかも巌《いわお》のなかで光り輝く灯火のような宝石のごとく、
巌から湧き出す清水のごとく、
私は汝を求め、汝を熱望する、真珠を。
かくして〔私は〕汝という偉大な守護者を得たのだ、
敵に対する「共同将軍の座《シュンプロコストラテギア》」に。[14]

いささか修辞過剰で、一読しただけでは文意がすんなり頭のなかにはいらない文章だが、この詩は、反乱の翌年、一一八六年春にイサキオス二世帝が反乱鎮定に乗り出して、ハイモス山脈の北に兵を進めたとき(このとき、ペータルとアセンの兄弟はビザンツ軍に抗しきれず、ドナウ川の対岸に逃れている)、ペータルの館で聖デメトリオスのイコンを見つけ、回収した際のことを詠ったものだといわれている。[15] ちなみに「ストラボペテロス」とは、「やぶにらみのペテロス」といった意味であり、ペータルに付された蔑称と思えばよい。要するに皇帝は、主人が逃げ去った館のなかで聖デメトリオスのイコンを見つけ、聖人を今回の軍征の強力な相棒の座に就けた、というのがこの詩の大意であろう。この詩から、反乱の首謀者が聖デメトリオスのイコンを館に大切に保管していたこと、そして、それを奪還した皇帝が、そのことを特筆すべき大手柄と認識していたことがわかるのである。

ただ、いくつか腑に落ちない点は残る。もしもバルサモンのエピグラムで取り上げられている聖人のイコンが、ペータルとアセンの兄弟の挙兵の際、聖デメトリオスのタルノヴォへの遷御の主張の決め手となったものだと考えられるのであれば、いかに負け戦で皇帝軍が間近に迫っていたにせよ、それほど大事なものをおめおめと敵に委ねたまま身一つで逃げ出すことなど、あっただろうか。イサキオス二世にしても、もしも聖デメトリオスのイコンの奪還が反乱鎮定の証となる大手柄だという認識があったとすれば、なぜ、帝都への凱旋の際にそれを二輪軍車の上に載せ、沿道に詰めかけた群衆に誇示するような派手なパフォーマンスを演じなかったのか不可解である(少なくともニケタス・コニアテスにはその種の記述はみられない)。敵地で獲得したイコンを軍車に載せて凱旋式で群衆に披露するという演出は、すでに十世紀のヨハネス一世ツィミスケス(在位九六九~九七六)の式典という先例もあったのだからなおさらである。[16] とはいえ、新たな史料が見つかりでもしない限り、これらの疑問に有効な回答を提示するのは難しいことは事実であろう。遺憾なことではあるが、この問題は留保したうえでつぎの議論に進むことをお許し願いたい。

ニケタス・コニアテスが報じるペータルとアセンの兄弟の挙兵に関する挿話のなかで、とくに好奇心をそそる話題の一つは、兄弟が動員した「神霊に憑依された人々」にかかわる部分であるのは間違いない。こうした、ある種シャーマン的な存在は、文化人類学的な視点からも興味を引くのだが、いかんせん、コニアテスの報告を補完する同時代の情報は見当たらず、ここでも探索の作業が前に進まないのはもどかしい限りである。とりあえずは、この事象について、管見の限りで唯一、詳細な考察をおこなっているマリングーディスの所見を以下に紹介することで、今後の議論の第一歩を踏み出すことにしよう。[17]

最初にマリングーディスは、当該箇所の記述をコニアテスの想像の産物に帰す見方を一蹴する。コニアテスが挙兵の場に居合わせて、一部始終を目撃したわけではないのは明らかだから、その記事の信憑性に疑義が残ることはマリングーディスも否定はしない。しかし、その一方で、コニアテスの当該の記事が彼に続く世代の歴史家にとくに問題視されることもなく再利用されていることは重要であり、一連のできごとが「ありうべきこと」としてビザンツ人に受け入れられていた点をマリングーディスは指摘する。とくに、十三世紀の高位聖職者で歴史家のテオドロス・スクタリオーテスが、コニアテスの史書を下敷きにして著した彼の歴史記述のなかで、ペータルとアセンの兄弟の挙兵時に登場する憑依者たちは「一部の人々に「アステナリア」と呼ばれていた」と語っているのを彼は見逃さなかった。彼は、このコメントを足がかりに、コニアテスが報じた憑依者たちの行動を、十九世紀末にいたるまでバルカン半島南東部の村々に残存していた(「アステナリア」と一字違いの)「アナステナリア」という風習と結びつけて議論を構築している。「アナステナリア」とは、村の守護聖人の祭日(多くが聖コンスタンティヌスとヘレナの祭日、五月二十一日)に何人かの「祝福された人々《アナステナリア》」が、聖域とされた場所に集い、一種のトランス状態に陥って、聖人のイコンを携えて裸足で熾火《おきび》の上を「踊る」、というものだった。マリングーディスによれば、今回のコニアテスの証言は、中世において「アナステナリア」の風習について報じた唯一の史料、ということになる。精彩に満ちたコニアテスの記述自体、それが真正なものであった証にほかならない、というのがマリングーディスの見解である。彼によれば、コニアテスは現場に居合わせはしなかったのは確かだが、そうした風習をよく知っていた可能性は高かった。というのも、コニアテスは以前にフィリッポポリス長官職を務めており、そのときにトラキアの現地住民の習俗に接する機会があったと考えられるからである。[18]

　以上のマリングーディスの考察に対して、マドゲアルは、コニアテスの報告には熾火の上のダンスの要素が欠けていることを指摘して、それを近代バルカン地域の「アナステナリア」の風習と安易に同一視するのは戒めつつ、十七世紀半ばにモルダヴィア地方で宣教活動に従事した主教の報告として、人々が全身を痙攣《けいれん》させて仮死状態に陥り、四時間ほどのちに覚醒して、その間に見た夢を予言として語ったという話が伝えられているのを紹介し、これを、現地住民にシャーマン的風習が存在したことを示すものという見解を示している。[19] 筆者自身は、この件に関して踏み込んだコメントを加える資格を欠いているが、バルカンの深い森のなかで牧畜生活に従事するヴラフ人社会のなかで、この種の神秘体験をともなう宗教儀礼が大きな影響力を発揮して、人々を熱狂の坩堝《るつぼ》へと引き込んだ、というストーリーに魅力を感じていることは認めざるをえない。

ただし、ここでも一つ、心に引っかかる点が残っていることも付記しておくべきだろう。先にもみたように、ペータルとアセンの兄弟は、聖デメトリオスがテサロニケを離れ、ヴラフ人とブルガリア人の独立運動を支援するためにタルノヴォに来臨されたのだと言い立て、住民たちを反乱へと駆り立てた、といわれている。しかし、テサロニケから遠く離れたハイモス山脈北麓の住民たちにとって、テサロニケ・ローカルの聖人である聖デメトリオスの名は、彼らの心を大きく動かすほどの威力を当時、本当に有したのだろうか。もちろん、この点については、実際に住民たちがペータル・アセン兄弟の煽動に応じて挙兵に加わっているという事実自体が、前記の問いに対して肯定的な回答になっている、という反論はできるだろう。ただ、そうした議論はえてして水掛け論になりがちであり、この件について、もう少し客観的な視点から検証する方策を探してみたい気もするのである。いささか蛇足めくが、以下に、この件に関して手がかりとなりそうな情報のかけらを集めてみることにしたい。

## 3 ブルガリアにおける聖デメトリオス信仰の定着

スラヴ世界と聖デメトリオス信仰の出会いは、いわゆる「スラヴ人の使徒」キュリロスとメトディオス兄弟の時代、すなわち九世紀後半にまで遡る。彼らは、テサロニケ出身だったから、聖デメトリオスへの崇敬の念が、生来、厚かったことは想像に難くない。『聖メトディオス伝』によれば、彼が聖書のスラヴ語訳を完成させた日は、ちょうど聖デメトリオスの祭日であったという。[20] これに加え、メトディオスは、「聖デメトリオスのカノン」も執筆し、聖人を称えていることも知られている。[21] キュリロスとメトディオス兄弟の弟子にあたるオフリドの聖クレメンス(九一六没)も、スラヴ語では最初の「聖デメトリオスへの頌詩《エンコミオン》」を書き上げている。[22] テサロニケの聖デメトリオスは、こうした教会スラヴ語の著作を通じて、スラヴ系住民にも身近なものとなっていったと考えることができるだろう。もっとも、キュリロスとメトディオス兄弟が宣教に従事したのはモラヴィアからバルカン西部の一帯であり、弟子のクレメンスが活動の拠点としていたオフリドも、現在の北マケドニア共和国に位置し、バルカン半島を東西に貫くエグナティア街道でテサロニケと連結していたため、これらの地域に聖デメトリオス信仰がおよぶのは比較的容易だったように思われる。

他方、テサロニケとは距離も離れ、日常的な人の往来も限られていたブルガリアの東部、第一王国の王都がおかれた十世紀のプリスカやプレスラフ周辺、そして十二世紀以降のタルノヴォ一帯、といった地域に関しては、それらと同列に考えることはできないのではないか、という疑問も残るのは当然である。[23] この点については、十世紀前半、ブルガリア王シメオン(在位八九三〜九二七)に仕えた教会人ヨアン・エクザルフの著した聖デメトリオス関係文書が十四世紀のスラヴ語テキストに再録されていることが一定の回答となるのではなかろうか。[24] 十世紀の段階において、少なくともブルガリア王国の支配エリートや文人層にとっては、聖デメトリオスは広く共有された知識の一部となっていた、と想定するのは難しいことではあるまい。

ただし、この場合でも、考察対象をブルガリアの民衆レヴェルまで広げると、あまり歯切れのいい発言はできなくなる。八六五年前後にブルガリアが国家ぐるみでキリスト教に改宗して以来、一般民衆も教会での典礼に参加すれば、例えば十月二十六日の聖人の祭日に教会スラヴ語で著された聖デメトリオスへの賛歌などが詠み上げられるのを耳にする機会はあったであろうことは想像できる。ただ、そうした時期に聖デメトリオスがブルガリア人にとくに人気が高かった聖人であったのか、と問われれば、気兼ねなくイエスと言い切れないのが悩ましいところだ。キリスト教改宗直後のブルガリアでいかなる聖人が熱心に崇敬されていたかを示すような情報は乏しく、聖デメトリオスについても、それは例外ではなかった。ただ、一般論からいえば、十世紀後半以降、ブルガリア王国の領土は東側からしだいにビザンツに併合されていき、一〇一八年には完全に帝国領に編入されたから、それ以降、ビザンツ文化の流入は質、量ともに増大する傾向がみられたことは間違いないように思われる。

十一世紀後半以降、世界の終末を語るビザンツの黙示文学がスラヴ語に翻訳され、ブルガリアに流布するようになった。例えば、『偽メトディオスの黙示録』では、紀元七千年紀にアラブ人がペルシア、ロマニア、キリキア、シリアなどを侵略したとき、救世主として「ギリシア人の王」が出現することが語られている。その王の名は、多くのテキストで「ミカエル」とされており、一般にはアモリア朝第三代の皇帝ミカエル三世(在位八四二〜八六七)のイメージが投影されていた、という解釈が一

図4　アレクシオス1世のヒスタメノン貨

般的であった。ところが、ブルガリア語の編纂物では、この「ミカエル」の名で真っ先に想起されていたのは、ブルガリアの初代キリスト教君主ボリス（洗礼名ミカエル）だったのであり、しかも、「預言者ダニエルの幻視」や「聖アンドレアス・サロスの黙示録」といった作品では、ミカエル王はテサロニケに入城し、「イザヤの物語」では王はテサロニケに本拠をすえて、長期的な平和を樹立したことが語られていた。[25]ミカエル王が自らの座所をテサロニケに定めているのは、この町を起点にスラヴ世界がキリスト教化したことが前提となっているのは間違いない。第一ブルガリア王国の時代への懐旧の念と回帰願望、そしてテサロニケの町への特別な思い入れと憧憬。これらは、ペータルとアセンの兄弟が挙兵の際に同胞たちに喚起させようとした感情ではないだろうか。

ビザンツ統治下のブルガリアでは、十一世紀末以降、民衆は、教会の典礼以外にも日常的に聖デメ

**図5　西方軍総司令官アレクシオス・コムネノスの鉛印章**　右手に槍，左手に楯を持つ聖デメトリオスの立像が刻まれている。

**図6　ブルガリア王アセンの鉛印章**　向かって右が聖デメトリオスの立像。

トリオスと接する機会を得ることになる。コムネノス朝初代皇帝アレクシオス一世コムネノス（在位一〇八一～一一一八）は、即位後まもなく、テサロニケの造幣所で聖デメトリオスの肖像を刻んだ貨幣を発行させ、それには少額の鉛貨も含まれたから、それらは市場を通じて広く出回り、一般民衆もそれらを手にする機会があったと考えられるからである[26]（図4）。アレクシオス一世は当時、ビザンツ領バルカン地域に侵攻した南イタリアのノルマン人との戦いに全力をつくしており、聖デメトリオスの意匠を貨幣に採用したのは、この地域を代表する聖人の加護を求め、現地住民の戦意を高揚させる意図があったためであるというのが定説である。彼は、帝位にのぼる以前、「西方軍総司令官《メガス・ドメスティコス・テース・デュセオース》」の任にあったとき、自らの印章に聖デメトリオスの立像を刻んでおり、そうした印章はブルガリア各地の博物館にも所蔵されている[27]（図5）。将軍時代のアレクシオスは、帝国領バルカンを代表する軍事聖者である聖デメトリオスの加護を念じながら同地での軍務にあたっていたのであり、皇帝となったのちも、この聖人への崇敬の念をいだきつづけ、ノルマン人との戦いでも心の支えとしたのである。ここで聖デメトリオスは、バルカン地域で戦うビザンツ皇帝の後ろ盾となっているのであり、そうした聖人の役回りこそ、ペータルとアセンの兄弟が求めていたものなのではないだろうか。別の言い方をすれば、同兄弟は、聖デメトリオスに加護される君主の座をビザンツ皇帝から横領しようとしたのだ、ということもできるだろう。王位に就いたアセン（在位一一八九～九六）の印章には、槍と楯を持った聖デメトリオスの立像が刻まれていた[28]（図6）。そこには、聖デメトリオスを守護者とする新しい王国建設の意思が表明されているかのようであった[29]。

# 第三章　聖都テサロニケの反撃

## 序　第二ブルガリア王国の成立

第二章でも述べたとおり、ペータルとアセンの兄弟の率いる反乱軍は、挙兵後まもなく、ビザンツ側の反撃を受けて総崩れになり、兄弟はドナウ川の対岸へ逃亡することを強いられている。ところが、ビザンツ側の意図に反して事件はそれだけでは終わらなかった。ビザンツ軍が安心して撤収したのちの一一八七年秋、ペータルとアセンは援軍のクマン人の軍勢とともにドナウ南岸に舞い戻り、反乱の炎は再び大きく燃え上がったのである。反乱軍は、ビザンツ軍の主力部隊と正面から対決するのは回避しつつ、各地で執拗に抵抗を続け、クマン人部隊はビザンツ領に侵入して、移動する先々で掠奪を働いたため、鎮定作業に手を焼いた皇帝イサキオス二世は、一一八八年、ブルガリア側と和平を結び、事実上、ブルガリアの独立を承認することを余儀なくされている。ブルガリア側はハイモス山脈以南の軍事行動を停止することを約束し、約定の遵守を保証する人質としてペータル・アセン兄弟の弟カロヤンの身柄がビザンツ側に引き渡された。ここに、北はドナウ川、南はハイモス山脈までの領域を版図とした第二ブルガリア王国が成立することになる。[1]
　ビザンツ側が妥協を強いられたのにはわけがあった。一一八七年十月、イスラームの英雄サラーフ・アッ＝ディーン（サラディン）がイェルサレムを占領し、聖地の十字軍国家が瓦解したことを受けて、西欧では第三回十字軍が召集され、呼びかけに応えた各地の王侯が軍を率いて聖地に向かって続々と進発していた。そうしたなかで、イタリアの支配権をめぐってビザンツと角逐を演じた過去をもつドイツ皇帝フリードリヒ一世バルバロッサ（在位一一五二〜九〇）が今回の十字軍への参加を表明し、大軍を率いてバルカン半島を行軍してくるという知らせがビザンツに届いた。その知らせは、ビザンツに強い危機感をいだかせることになる。ドイツ皇帝が配下の軍勢の矛先をコンスタンティノープルに向けかねないと考えられたためである。皇帝イサキオス二世がブルガリアとの和平を急いだのは、ビザンツ領内を行軍するドイツ軍を監視、牽制し、場合によっては帝都への彼らの進軍を阻止するために全兵力を動員する必要があったからである。
　ブルガリア側もドイツ軍のバルカン行軍を最大限に利用しようと画策していた。バルバロッサ帝の遠征を報じるドイツ側の資料には、トラキア地方のブルガリア人の大半とヴラフ人を支配する「カロペテル」と称する君主が、ドイツ皇帝の陣営に使節を寄越し、自分に「ギリシア人の王国」の帝冠をくれるのなら、四万人のヴラフ人とクマン人の弓兵を提供してコンスタンティノープルを攻略するのに加勢しようと提案した、という記述が残されている。[2]「カロペテル」とは、「善良なるペトロス」の意味だから、ペータルの異称とみて間違いあるまい。また、「ギリシア人の王国」がビザンツ帝国を指しているのは明らかなので、ここで紹介した記事の内容が正しかったとしたら、彼は、ドイツ皇帝の武力を利用してコンスタンティノープルを攻め落とし、ビザンツの帝位を我が物にしようとしていたということになる。本当に彼がそんなことを考えていたのか真偽は不明だが、いずれにせよ、バルバロッサはこうした申し入れに関心を示さず、交渉は不調に終わったため、ペータルの野心的なプランが実現に向かって動き出すことはなかった。ただ、こうした一連の動きをみれば、ビザンツと第二ブルガリア王国のあいだで結ばれた和平協定は、ドイツ軍の到来という予期せぬできごとに臨んでの暫定措置にすぎず、おそらくは両方の陣営とも、相手に隙があれば、それに乗じて攻勢に転じようとする気持ちは衰えていなかったことがうかがわれる。

よく知られているように、フリードリヒ・バルバロッサの十字軍は、その後、小アジアを行軍中、バルバロッサが渡河中に溺死したために中途で打ち切られた。だが、これ以降、東地中海の国際情勢にドイツ皇帝権は大きな存在感を示すようになる。バルバロッサの後継者ハインリヒ六世〈在位一一九一～九七〉は、ノルマン・シチリア王国の男系が絶えると、自身の妻コンスタンス〈シチリア王ロジェール二世〈在位一一三〇～五四〉の娘〉の相続権を主張して南イタリアに軍事介入し、現地の抵抗を制圧して一一九四年にこれを支配下においている。そして、翌年にはビザンツ皇帝のもとに使者を送って、かつてノルマン・シチリア軍がテサロニケを一時占領していたことを理由に同市にいたるまでのビザンツ領バルカンの西半分を引き渡すよう強く要求し、もしも武力で決着をつけることを望まないのならば多額の貢納金を支払うようにと脅迫している。この間、イサキオス二世に代わって帝位にのぼったアレクシオス三世アンゲロス(在位一一九五〜一二〇三)は、やむなく「アラマニコン」(ドイツ人税)と称する新税を導入して貢納金集めに奔走せざるをえなかった。[3]

ビザンツが、軍事的に強力なドイツ帝国への対応に追われていたことは、新国家の基盤を強化する必要に迫られていたブルガリアにとっては好都合であったことは間違いない。だが、その間にブルガリアの国家基盤の整備が順調に進んでいたかといえば、必ずしもそうではなかった。生まれてまもない新ブルガリア国家は当初から支配層内部の諍《いさか》いが絶えず、建国の英雄である二人の兄弟のうちアセンは一一九六年、兄のペータルは翌九七年にいずれも親族によって殺害されてしまった。ブルガリアの王座に新たに就いたのは、ペータル・アセン兄弟の弟のカロヤン(在位一一九七〜一二〇七)だった。先にみたように彼はビザンツとの和平締結に際して人質として引き渡され、コンスタンティノープルで暮していたが、その後、自由を回復し、故国に帰還を遂げていたのである。

一二〇三年六月、第四回十字軍の軍勢がコンスタンティノープルに到着したことで東地中海沿岸の国際情勢に激震が走る。十字軍の軍事的圧力を受けて、ビザンツ皇帝アレクシオス三世は城外に逃亡し、十字軍と行動をともにしていた前帝の甥(イサキオス二世の息子)がアレクシオス四世アンゲロス(在位一二〇三〜〇四)として皇帝の座に就いた。彼は、ヴェネツィアへの輸送経費支払いに窮していた十字軍幹部に取り入って、ビザンツ帝位の奪取に十字軍が協力してくれれば多額の謝礼を支払うことを約束していたのである。ところが帝国国庫には約束していたような大金はどこを探してもなかったから、アレクシオス四世は、約束の履行を求める十字軍と彼を外国勢力の傀儡《かいらい》とみなして軽蔑するビザンツ人とのあいだで板挟みになり、窮地に立たされた。結局、アレクシオス四世は、対外強硬派のアレクシオス五世ムルツフロス〈在位一二〇四〉によって帝位を追われ、後者は十字軍にコンスタンティノープルからの即刻退去を迫った結果、十字軍側は、武力を発動させ、力ずくで自分たちに約束されていた財貨を獲得するという判断をくだすにいたる。

一二〇四年四月十二日、コンスタンティノープルへの総攻撃をしかけた十字軍の軍勢は、海側の城壁を突破し、市街に突入した。同日深夜、アレクシオス五世が市外に逃れ、都を占領した十字軍は、五月九日、フランドル伯ボードゥワンを新たな皇帝に選出した〈皇帝としてはボードゥワン一世〈在位一二〇四〜〇五〉〉。後世、ラテン帝国と呼ばれる国家がここに誕生した。十字軍諸侯とヴェネツィア人は旧ビザンツ領を分割し、テサロニケとその周辺はモンフェラート侯ボニファッチョの取り分と定められ、同市を首都とするテサロニケ王国が成立した。[4] ブルガリア王カロヤンが以後、対峙するのは、ビザンツの旧領を受け継いだ、これらの西欧系君主の君臨する諸国家なのである。

## 1　ブルガリア王カロヤンの戦い

カロヤンは当初、第四回十字軍の軍勢に対して融和的な態度を示していたようである。彼にとって当面の敵はコンスタンティノープルのビザンツ皇帝だったから、それと対立する十字軍の勢力は潜在的な同盟者と考えるのは自然なことであった。一二〇四年に十字軍がコンスタンティノープルを占領したのちは、彼らへの協力を申し出ることで旧ビザンツ領分割に与《あずか》り、応分の分け前を得ることを期

図7　ブルガリア王カロヤンと捕囚となったラテン皇帝ボードゥワンの対面の場面　写真は，ヴェリコ・タルノヴォ市内にある，ツァレフグラド・タルノフ・マルチメディア・ヴィジター・センターの実物大ジオラマである。

待していたふしがある。ところが十字軍側は、ブルガリア王を粗野な田舎者としてあからさまに見下した態度をとり、後者の要望にいっさい応じる素振りをみせなかったから、両者の関係は急速に悪化していった。その結果が、一二〇五年四月十四日、アドリアノープル城外における両軍の激突であった。この戦いで数的に劣勢のラテン帝国軍はカロヤン王の軍勢に惨敗を喫し、皇帝ボードゥワン自身が敵の捕囚となってタルノヴォに連れ去られたほか、ヴェネツィア元首エンリコ・ダンドーロが深手を負い、そのためにその後、まもなく世を去っている。現代のブルガリア人にとって、この戦いでの勝利は、父祖が打ち立てた偉業の一つ、誇るべき歴史の一コマ、として記憶されているようである。ヴェリコ・タルノヴォ市内の歴史観光施設には、手を縛られた皇帝ボードゥワンと馬上のカロヤンが対面する場面が再現されている(図7)。

カロヤンの進撃はさらに続く。一二〇七年九月四日、モシュノポリス近郊でテサロニケ王ボニファッチョが敵の奇襲を受けて殺害された。彼の死には不可解なところが残るが今日の研究では、奇襲を実行したのはカロヤンが差し向けた部隊であった可能性が高いと考えられている。[5] カロヤンは、主を失ったテサロニケを急襲すべく配下の軍勢を前進させた。テサロニケの町は、ボニファッチョの再婚相手でイサキオス二世の元皇妃マリア（ハンガリー王ベーラ三世〈在位一一七二～九六〉の娘）が幼い息子デメトリオの摂政として留守を預かり、迫りくる敵軍に対して籠城戦を挑むべく身構えていた。テサロニケの前面に到着したブルガリア軍は、野営地を設置し、攻城兵器の組立て作業に着手するなど、攻囲戦の準備を着々と進めてゆく。ところが町を包囲していた軍勢は突然、囲みを解いて野営地を引き払い、撤収に転じた。その後、突然のブルガリア軍撤退の理由が判明した。カロヤン王が陣中で急死していたのである。

## 2　カロヤン王の死の謎

カロヤンの死によってテサロニケの町は危機を脱した。市民にとっては文字通り天の助けであった。王の死因については事件の直後からさまざまに取り沙汰されていたようだ。十三世紀後半にニカイア帝国で歴史書を著したゲオルギオス・アクロポリテスは、このできごとを以下のように報じている。

それから彼〔カロヤン〕は、テサロニケ自体へとくだっていったが、同地で肋膜炎を患って死亡した。しかるに、ある人々が言うには、彼は神の怒りにふれて死んだのである。というのも、彼が眠っていると、武装した男が彼のかたわらに立ち、その脇腹を槍で刺したからである。彼の手でこれほどの凶事をローマ人がこうむったことはいまだかつてなかったのは事実であったため、この男には「犬」から派生したあだ名が付けられ、皆から「犬畜生のヨハネス」(Skyloioannes)と呼ばれた。[6]

この文章から、カロヤンの死因は一義的には病気によるものとアクロポリテスは考えていたこと、しかるにそれと同時に神罰にそれを帰す風説も流布していたこと、がわかる。アクロポリテスは、その名をあげていないが、カロヤンの死が聖デメトリオスの介入によってもたらされたという説はかなり早い時期から広まっていたらしい。例えば、事件の同時代人であったロベール・ド・クラーリは、「聖デメトリオス様は自らの都市〔テサロニケ〕が武力で占領されることを決してお望みにはならなかった。……ある朝、ヨアニッツァが天幕で眠っていると、聖デメトリオス様があらわれて彼の身体を槍で刺し貫いてこれを殺害した。彼の家来やクマン人たちは彼が死んだことを知ると陣をはらって故郷へ退いた」と語り、[7] トロワ・フォンテーヌ修道院修道士アルベリック・ド・トロワは、十三世紀半ばに「ブルガリアの王ヨアニッツァについては、テサロニケを襲撃したとき、聖デメトリオスによって殺されたことが知られている」と報じているのである。[8] 聖デメトリオス介入説を伝えているのは西欧系の史料に限らなかった。セルビアのステファン初代戴冠王(在位一一九六〜一二二八)が父ステファン・ネマニァの生涯を称えて著した伝記のなかにも、「誉れ高く、加護を授けたまい、故郷を愛する殉教者デメトリオスがツァーリ〔カロヤン〕を〔槍で〕刺し貫いて無残に殺害し、かくして自らの故郷に害がおよばないようにさせたのである」という一節が含まれていた。[9]

このように、同時代の資料も含め、複数の文献において聖デメトリオスによるカロヤン誅殺《ちゅうさつ》説が報じられていた。それらの情報の発信者もビザンツ人に限らず、西欧人やセルビア人にもおよんでいることを斟酌《しんしゃく》すると、こうした噂は事件の直後から急速に広がり、広い範囲に流布していたと推測することができるだろう。その背景として、積極的にこうした噂を流布させようとしていた人々が存在していたことを想像するのは、さほど難しいことではあるまい。具体的にいえば、それは、聖デメトリオスはテサロニケの町を捨て、タルノヴォへ去った、と吹聴するブルガリア王の主張に反発するテサロニケの人々である。ただし、だれがとくに中心となってその噂の流布に努めたのか、という点に関しては、識者の見解に微妙なずれが認められることも指摘しておかなくてはならない。フランツ・A・バウアーは、当時、テサロニケを支配していたモンフェラート侯家にとって、彼らに味方して守護聖者が介入したことは、同家のテサロニケ支配を正当化するものだった、と語り、彼らが噂を流した張本人であることをほのめかしている。[10] テサロニケ王位を得たモンフェラート侯ボニファッチョは、町の住民の歓心を購《あがな》おうとして、元ビザンツ皇妃のマリアとのあいだにもうけた息子に、テサロニケ市の守護聖人にちなんでデメトリオス（イタリア語ではデメトリオ）と命名しているので、[11] バウアーの見解には一定の説得力があるように思われる。

ただし、かりに聖デメトリオスがカロヤンを斃《たお》したという言説が広く受け入れられたとしても、そのことが、バウアーがいうように、モンフェラート侯家のテサロニケ支配を正当化することに直結したかどうかはもう少し検証する余地があるのではないだろうか。というのも、こうした、テサロニケの守護聖人に媚びようとするモンフェラート侯家の姿勢は、彼らの片思いであった可能性があるからである。そもそも、聖デメトリオスが守りたかったのはテサロニケの町であり、新参の外国人君主がどうなろうと彼の知ったことではなかった可能性もある。ニケタス・コニアテスは、テサロニケ王ボニファッチョが敵と交戦して矢に射貫かれて殺害されたことを報じ、「すべてのローマ人にとってまことに喜ばしいことに」と付け加えている。というのも、コニアテスによれば、ボニファッチョは極めて貪欲で、ローマ人から最大限、金をむしり取ろうとするような輩であったからである。彼がもう少し生き延びたなら、テサロニケの町から煮炊きの煙が発することは絶えてしまったことだろう、とコニアテスは評している。それゆえ、テサロニケ市民にとっては、ボニファッチョを斃した「矢は、たとえ全能の主から発せられたわけではないにせよ、まさしく祈りに応えて神から授けられたものも同然であった」のであり、ボニファッチョの死は市民にとって一種の天恵を意味していた、というわけである。[12] その意味で、テサロニケ住民の立場に立てば、ボニファッチョも、カロヤンも、横暴で貪欲な外来の侵略者という点ではどちらも似たようなものであり、両方がまとめて退場してくれれば、それに越したことはなかった、というのがテサロニケ市民の正直な気持ちだったといえるのかもしれない。テサロニケに在住していないコニアテスが、どれだけ正確に同市の住民の気持ちを代弁できるのか、という疑問は少々、残るにせよ、ボニファッチョによるあくどい収奪は事実であろうから、同

図８　鉛製聖油容器のデッサン（12世紀後半〜13世紀前半。ヴェリコ・タルノヴォ歴史博物館蔵，ブルガリア）

じ「ローマ人」の一員としてのコニアテスの感受性を信じ、彼と同様の見解をいだいたテサロニケ市民は少なくなかったものと思いたい。

そのようにみてゆくと、聖デメトリオスのカロヤン誅殺説は、モンフェラート侯家が発信したプロパガンダというよりも、テサロニケに聖人が健在であることを信じ、それを内外に周知することを熱望する同市の市民共同体によって発せられた、と考えるほうが妥当なように思えてくる。一一八五年八月にノルマン・シチリア軍に町が占領されて以来、市民たちは聖デメトリオスに見捨てられたのではないかとの不安に苛まれていたのではなかろうか。聖人がブルガリアの独立運動を支援するためにタルノヴォへ遷御された、というペータルとアセンの兄弟の主張は、テサロニケ市民の耳にも届き、彼らの神経をさらに逆撫でしたに違いない。カラランブロス・バキルツィスによれば、バルカン各地で見つかっている聖人の肖像を刻んだ鉛製聖油容器（図8）は、ノルマン人によるテサロニケ占領以後、聖デメトリオス信仰が再編される過程で導入され、巡礼の土産品として大々的に普及がはかられたものである公算が高い、という。[13]おそらく、ブルガリア人たちの主張に危機感を覚えたテサロニケの都市共同体は、同市に聖デメトリオスは健在であることを証明すべく、教会関係者を先頭に、一大キャンペーンを展開していたのだろう。そうしたタイミングで、テサロニケの町の面前で、攻め寄せた軍の総大将であるカロヤンが変死したのは、聖デメトリオスがテサロニケに健在であると信じる住民たちにとっては、自分たちの主張が正しかったことを立証する絶好の機会としてとらえられたのではなかろうか。[14] いずれにせよ、聖人がモンフェラート家の運命に無頓着だったことは、しばらくあとで再び明らかになった。聖人と同名のテサロニケ王が失意のうちに同市を退去したのは、一二二四年のことである。

## 3 記憶を恒久化する企て

ブルガリア王カロヤンがテサロニケの町の前面で変死を遂げてから七〇年もの歳月が流れたのちに、この事件の記憶を恒久的に保存することをめざした記念碑的な著作が成立した。それが、ヨハネス・スタウラキオスの「偉大なるデメトリオスの奇蹟に献げる弁論《ロゴス》」(以下では「弁論」と略記)である。著者のヨハネス・スタウラキオスは、パライオロゴス朝時代初期の教会人である。アトス山のラウラ修道院に所蔵される一二八四年四月十二日の日付が付された文書(「元テサロニケ大主教テオドロス・ケラメアスの遺言状」)には、「テサロニケ府主教座のカルトフュラクスかつタブウラリオス」の肩書を帯びた同名の人物が登場しており、「弁論」の著者本人と同定されている。[15]「カルトフュラクス(文書局長)」は、府主教座の幹部ポストであり、「タブウラリオス」は公証人のことだから、彼は聖職者としての務めと並行してそうした業務にも携わっていたのだろう。

スタウラキオスは、聖デメトリオスの生涯と殉教の記述に始まり、彼に献げられた聖堂の建立をへて、著者の同時代にいたるまでの聖人にまつわるおびただしい数の奇蹟譚を収録した、四〇章からなる聖デメトリオス関連文書の集成版を編集しており、「弁論」はそのなかの第三四〜三五章を占めていた。[16] ここで彼が語る、ブルガリア王カロヤンの来襲からその突然の死にいたる記述は、これまでに紹介したどの史書の記述よりも詳細で精彩に富んでおり、これがおさめられた浩瀚《こうかん》な編著書自体が、これ以後、聖デメトリオス関係の情報を網羅した決定版として世間に認知されたこととあいまって、当該事件に関する一種の公的記録としての地位を不動のものとしたのである。換言すれば、この時期以降、テサロニケ前面におけるカロヤン王の横死を素材としたほとんどすべての作品が、「弁論」の記述に依拠するようになるのである。その記述を以下にやや詳しく分析してみたい。まずは関連部分の原文を引用しよう。

かくして一万の軍を率いたこの邪悪な君主〔カロヤン〕は、極北の地域からこのもっとも気高い場所に到着したのである。そこからは〔テサロニケの〕町全体がはっきりと見渡すことができたので、彼は遠くから眺めまわし、あらゆることに注意を怠らなかった。そして彼は豪壮で美しい邸宅や尊ぶべき多くの教会を目にし、それらを確認し、さらに偉大なるデメトリオスの聖なる館を目にして、それが殉教者デメトリオスの聖堂であることを確認すると、ただちに下馬して跪き、このように言った。「Sveti Dimitrie（聖デメトリオスよ）」。蛮族の言葉で言うにはこう言う必要があるのである。「もしも私がこの町を破壊したならば、汝のためにみごとな修道院を建立してやろう」。かくして彼は、天上から神（人間の手管など無にしてしまう方である）によっておさめられている崇高なる都市に邪悪な意図、すなわち殉教者の町を破壊し、すべての市民、少なくとも剣の刃先を逃れたすべての者たちを町から追い出し、建物の土台にいたるまで打ち壊し、この有名で豊かで美しい町を破壊しつくすという意図をいだいたのである。

しかるに汝、麗しき殉教者デメトリオス、都市の守護者、父祖の地を愛する者、神の軍勢の偉大なる指揮官は、彼〔カロヤン〕の妄言を嘲笑い、その野蛮な意図を一笑に付したのである。そして汝はその剣を彼の頭上に煌《きら》めかせたのであり、なかんずく汝は、彼が賢明にも計画を変更し、彼が思いめぐらせている邪悪で思慮の足りない計画を思いとどまらせるのに必要な時間を与え、様子をみることにしていた。ところが彼はそのような行動はとらず、それどころか、大急ぎで町の周囲全域に斥候を送り出し、すべての防備塔の数や城壁の塔と塔のあいだの距離、すべての堡塁《ほうるい》、前線に立っているすべての兵員の数などを逐一、数えあげさせた。時を移さず彼は自分の回りに主立った指揮官たちを集めて軍議を開き、攻囲の準備にはいることを決定した。その際、彼は、都市の防備塔一つ一つに彼の配下の一部隊を配置し、一つの小隊は二つの梯子を用意するよう手配させた。このようにして町を包囲するすべての軍勢がいっせいに攻撃をしかけ、容易に市内にはいって都市を制することができるようにしたのである。そして彼の計画は実現可能なように思われた。実際のところ、市内にはこれほどの大軍に立ち向かうことができるほどの兵員はいなかったのである。もしも我らが守護者かつ輝かしい勝利に満ちた将軍がその力を漲《みなぎ》らせ、この町の救済に駆けつけてくださらなかったならば。

かくして日が暮れる頃にはブルガリア人の支配者である名高きヨハネスは、あらゆる軍略と計画のすべて、軍隊と兵器、剣や弓やそのすべての軍事的な手立てを完了させたのである。それゆえ、再び朝日が東の空を染める頃にはこの町は取り囲まれて攻撃にさらされることになるのであった。彼はやがて眠りに落ちた。実際のところ、運命の夜はすでに彼を覆っており、彼ができたのは虚《うつ》ろな夢をむさぼることだけであった。そこでは、彼の軍隊が町を攻囲し、兵士たちが城壁に梯子をかけており、彼は、虐殺が生じるのを目にし、騒擾《そうじょう》を耳にし、そして彼は、威張りくさって市内に入城したのであった。

だが、真夜中に彼は最期を迎えた。天幕のなかではまだ松明《たいまつ》が灯され、夜の闇を照らし出しており、いつものように若い兵士たちが彼のかたわらで不寝番の警備についていたのだが、深夜、ついに神はその復讐の剣を煌めかせ、かの殉教者の熱意とともに砥石の上でその刃を研ぎ澄ませたのである。するとただちに我らが真に眠りを知らぬ我が町の守護者かつ偉大なる「王」の偉大なる兵《つわもの》であるデメトリオスが白馬にまたがり、ブルガリア人の首領の前にあらわれると、その悪党に致命的な一撃を加えたのであった。彼はすぐに恐ろしい叫び声をあげ、彼の軍の最高司令官であるマナストラスが自分を殺そうとしたと非難した。実際、彼には、マナストラスが純血種の白馬にまたがって彼の天幕にはいってきて、手に持った槍で彼の心臓を刺したように思われたのだった。彼は大声で叫びつづけたため、近くの天幕にいたマナストラスは騒ぎに目を覚まし、寝床から飛び起きると、王の天幕に駆けつけ、そこで出来《しゅったい》している事態に立ち会うことになった。

「おまえは今しがた、おまえの白い馬に乗り、私に槍の一撃を加えたであろう」。マナストラスはすっかり当惑してこう言った。「陛下、決してそのようなことはいたしておりません。どうか御慈悲を、哀れに思ってくだされ、決してそのようなことはございません。陛下の前に何か幻があらわれたのです。それは真《まこと》ではありません」。しかるに重傷を負った男はひどく興奮し、叫び声をあげ、痛みに苦悶しつづけた。事実、彼は胸部に大きな傷を負い、大量の鮮血が流失していたのである。かくして汝、デメトリオスは汝の町のために その足を汝の仇敵の血で浸したのである。まもなく彼〔カロヤン〕は意識を失っていった。[17]

以上の記述のなかでいくつか気づいた点を指摘しておこう。

テサロニケの町を見下ろしたカロヤンが聖デメトリオスに発した呼びかけを、著者スタウラキオスは故意にスラヴ語で表記している。これは、呼びかけの主が外来の「蛮族の王」であることを強調するために用いられた手法だった。聖デメトリオスに対してはカロヤンも敬意を表し、テサロニケの町を破壊する許可を得ようとしているが、それは、聖人の心はすでにテサロニケから離れており、ブルガリア側に味方してくれるはずだというブルガリア側の主張(それはペータルとアセンの兄弟の挙兵時のスローガンにも通じている)をここで王の口から披露させ、そうした彼らの主張が基本的にはブルガリア人の勝手な思い込みに基づいており、何の根拠もないことがその後あばかれてゆくように物語を展開させるのに必要な前段だった。王の期待に反して、聖者はテサロニケへの愛を捨てなかった。彼は白馬にまたがった騎兵の姿で王の面前にあらわれ、後者を槍で刺殺する。この場面は、その後、イコンの図像として定型化することになるが、「弁論」のこの箇所は、一連の構成要素(馬上の聖人が地面に倒れたカロヤンの身体を槍で貫く)が文献中に確認できる初例であることも記憶にとどめておかねばなるまい。

瀕死のカロヤンが襲撃犯の容疑をかけたマナストラスという軍司令官は、それ以前の史書のなかに言及がなく、この箇所が史料上の初出である。彼の名前がでてくるのはこの箇所だけだ。同時代の文官のコンスタンティノス・アクロポリテス(著名な歴史家ゲオルギオス・アクロポリテスの息子)が著した聖者伝作品の当該場面にも同様の言及はあるが、物語の構成はほとんどスタウラキオスの「弁論」と同一であり、同じ情報源を利用した公算も高いため、それによってこの人物が実在した可能性が高まったとはいいきれないようにも感じられる。[18] ほかの史料にも彼への言及は見つけられないため、厳密を期せば、本当に実在したかどうかもわからない、極めて怪しげな人物であるといわざるをえない。ただし、多くの学者はさしたる検証もなく、「クマン人の首領」としての彼の実在を認めてきたのも事実である。[19] そうしたなかで、彼が実在の人物であることを前提に、その正体や、彼がカロヤン暗殺の実行者であったとすればその動機は何か、といった問題に熱心な考察を加えているアレクサンドル・マドゲアルの所説を以下に紹介しておこう。[20]

マドゲアルは、名前の類似性から、ここに登場する軍司令官は、アレクシオス一世コムネノス帝(在位一〇八一〜一一一八)に仕えた軍人モナストラスの子孫であった可能性があることを指摘している。このモナストラスは、アレクシオス一世の皇女で歴史家のアンナ・コムネナには「ミュクソバルバロイ(半蛮族)」と呼ばれており、マドゲアルはペチェネーグ系、ないしクマン系の出自と想定している。[21]印章資料から、彼はミカエルという個人名を有しており、その名からキリスト教徒であったことが推認されている。[22]ビザンツ皇帝に仕えた軍人の子孫が一二〇七年の時点でなぜブルガリア王と行動をともにしているのか、という点については、マドゲアルは明確な説明をしていない。史料がないのだからわからない、といってしまえばそれまでだが、あえて想像をたくましくすれば、ハイモス山脈周辺に皇帝から所領を授けられたクマン系軍人の末裔《まつえい》が、十二世紀末のブルガリア人反乱に際して反乱軍側に身を投じ、王の僚友として頭角をあらわす、といった情景をイメージしてもいいのかもしれない。

いずれにしても、そのような人物がカロヤン王の殺害におよんだとするなら、そこにはいかなる背景が考えられるのだろうか。マドゲアルは、マナストラスがカロヤン殺害後、テサロニケ攻囲を続行せず、すぐに撤退したことに注目し、そうした行動は、彼にカロヤンの権力を横領する意図がなかったことを示すものであると語っている。では、カロヤン暗殺の真の主役はだれか。マドゲアルが想定するのは、カロヤンに代わって王位に就いた人物、すなわち彼の甥(姉妹の息子)のボリルであった。マドゲアルによれば、ボリルはカロヤン王の妻(クマン人の族長の娘)と事前に結託し、叔父の殺害計画を練っていたのであり、一連の事件は、政権内の親クマン派の陰謀として理解することができるのだという。即位後、ボリルが先述の先王の妃と結婚していること、ラテン帝国第二代皇帝アンリの治世の歴史を残したアンリ・ド・ヴァランシエンヌが、ボリルの王位簒奪《さんだつ》を報じていることなどがその根拠になっている。[23]

これに対して、フランチェスコ・ダッラーリオは、この種の陰謀説に否定的である。[24] 新たに即位した王が権力基盤を安定させるために先王の未亡人と結婚するのは異例なことではなく、それを根拠にボリルとクマン人王妃が事前に結託していたと考える必要はないというのが彼の見解であった。そもそも、クマン人はカロヤン王のもとで恩恵を受けており、彼に反抗する理由がなかったと思われることも、親クマン派の陰謀説を疑問視する理由になっている。さらにダッラーリオは、もしも本当にカロヤン暗殺が仕組まれたものであったなら、テサロニケ攻略後にそれを実行したほうがボリルらにはメリットが大きかったはずであることも指摘している。要するに、テサロニケ前面のカロヤンの死は偶発的なものであり、暗殺者の存在やその背後に控える黒幕の存在を無理に詮索しなくてもよいのではないか、というのが彼のスタンスである。[25]

カロヤンの本当の死因がどうであれ、彼の急死によってブルガリア軍のテサロニケ攻囲が中断された結果、町が危険を脱したこと、テサロニケ市民はそれを聖デメトリオスの介入のおかげであると信じ、広く吹聴したことは認めることができるだろう。一連のできごとを公的記録として保存する作業は、前述したヨハネス・スタウラキオスの「弁論」において結実することになったが、また、それとほぼ時を同じくして、このできごとを視覚芸術として保存する事業が進められていた可能性がある。ここで取り上げたいのは、現在、アトス山のヴァトペディ修道院に所蔵されている銀製聖遺物容器である(図9)。大きさは、縦一一・七センチメートル、横六・五センチメートル、高さ六・五センチメートル、というから、さほど大きなものではない。なかには「リュトロン」、すなわち、聖人が殉教の際に流した血が染み込んでいると信じられていた土塊がおさめられていた。[26] 上蓋部分には、両腕をあげて、いわゆるオランス(祈り)のポーズをとり、クラミスをまとった聖人のレリーフ像が刻まれており、容器の側面も聖人の生涯に関係するエピソードが描かれている。我々がとくに関心を寄せているのは、この容器の底部、つまり通常はあまり目にする機会のない場所に描かれた図像である(図10)。そこには、左手に丸い楯を持った軍装姿の聖人が、城壁の上に立ち、右手に持った長い槍で眼下の敵の騎兵を突き殺そうとしている場面が描かれている。図像の左側には、縦書きで「聖デメトリオス」という銘文が付されている。

図9　ヴァトペディ修道院所蔵銀製聖遺物容器

図10　ヴァトペディ修道院所蔵銀製聖遺物容器底部

フランツ・A・バウアーは、この図像が聖デメトリオスによるカロヤン誅殺の場面を描いたものである可能性が高いとみなしている。聖遺物容器の裏面全体のスペースをこの図像が占めているのは、同時代におけるこの事件の重要性を示すものであり、説明的な銘文が付されていないのも、同時代人にはそれが不要だったためであろうと彼は推測している。[27] 一方、美術史の大家アンドレ・グラバールは、この場面を、中世初頭の『聖デメトリオスの奇蹟』成立以後に発生したテサロニケ攻囲の模様を描いており、敵兵がいずれも騎乗し、尖った兜をかぶっていることなどを根拠に、そこに描かれているのはクマン人、ウゼ人、ブルガール人といった遊牧騎馬民族であろうと推定したうえで、この聖遺物容器の製作年代を十二世紀とする見解を提示している。[28] もしも、この年代画定が正しいとすれば、当然のことながら、そこで描かれている図像が一二〇七年のできごとを示すことはありえないことになる。筆者が以前、美術史の専門家から聞いたところによれば、歴史的事件が、教会壁画などに表現されて定着するまでには通常、数十年もの時を要するのが一般的であったという。そうした視点からみれば、事件の直後にそれを描いた造形作品が製作された、という推論は一段と説得力を失うように感じられても不思議ではない。

ただし、そうした原則論が成り立つのは、現存する作例に基づいて議論を構築しているからであることも忘れてはなるまい。実際には、皇帝が戦勝を内外に喧伝するために、凱旋後ただちにそれを主題とした大規模な壁画を製作させた、といった類いの話を文献史料のなかから探し出すのは難しいことではない。例えば、一一七二年、ビザンツ皇帝マヌエル一世コムネノス(在位一一四三〜八〇)は、セルビア人の君侯ステファン・ネマニァの反乱を鎮圧したのち、一連の戦役のありさまを描いた壁画を、首都に出頭したネマニァ本人の前で披露したことをテサロニケ府主教エウスタティオスが報じている。[29] そのようにみると、一二〇七年のカロヤン王の横死事件は、テサロニケ市民にとっては聖デメトリオスが彼らに味方して介入したことを内外にアピールする絶好の機会であり、それを主題とした造形作品を製作する動機は十分にあった、と考えることもできそうである。馬上の聖人が、地面に倒れたカロヤンを槍で突き刺す、というのちのイコンで定番化する図式を採らず、城壁の上から聖人が眼下の敵を攻撃する、という特徴的な構図を採用しているのも、その場面が図像として固定化される以前に製作されたためであると考えれば納得がいくだろう。以上、結局のところ、この議論に明確な結論をくだすことはできないのだが、ここで取り上げた聖遺物容器底部の図像がカロヤン誅殺事件を主題にしていた可能性はゼロではなかった、と個人的には思いたい。

## 補論 いわゆる「カロヤンの墓」について

テサロニケ城外で急死したブルガリア王カロヤンの遺体は、撤収する彼の軍勢によってタルノヴォに運ばれ、同地に埋葬されたとされている。ただ、彼の墓所の所在地についてはそれを伝える史料もなく、長いあいだ、不明のままであった。

カロヤン王の墓が発見された、というセンセーショナルなニュースがブルガリアで報じられたのは一九七二年十月初旬のことである。[30] 当時、タルノヴォ（現在の名称ではヴェリコ・タルノヴォ）では「セ

図11 「セバステイアの40人殉教者」聖堂(ヴェリコ・タルノヴォ，ブルガリア)

図12 「カロヤンの墓」(手前，「セバステイアの40人殉教者」聖堂境内)

**図13 「カロヤン王(?)」の印章付指輪** 円盤部の直径は2.1cm，重さ61.10g，金の純度は23カラット。

バスティアの四〇人殉教者」聖堂(図11)周辺で考古学上の発掘調査が実施されていた。同聖堂は、本書第五章でも述べるようにアセン王家の霊廟としての機能をはたしており、聖堂内や敷地内に多くの墓所が設けられていた。そのなかで、一躍脚光をあびたのは、聖堂の北東側軒下の位置で発見された第三九号墓である(図12)。そこには、質素な木製の棺におさめられた壮年男性の遺体が埋葬されていた。被葬者の年齢は三十五～四十歳と推定され、身長は一九四～一九五センチメートルというから、生前の偉丈夫ぶりが偲ばれる。額には大きな傷跡があったが、癒合した形跡があり、その傷が直接の死因ではなかったと考えられている。着衣は大半が失われており、若干の絹織物の細片と五十六個の銀製ボタンが残るばかりであった。副葬品は残されていなかった。被葬者の指に残されていた黄金の指輪が同定の決め手となった。指輪に付された印章部分にはスラヴ語で「カロヤンの指輪」という銘文が刻まれていたのである(図13)。カロヤン王は一一六七～七〇年頃の生まれと考えられており、死亡したのは三十七～四十歳くらいと推定されているので、年齢も被葬者と一致していた。

「カロヤン王の墓」発見の知らせにブルガリアの歴史・考古学界は沸き立った。だが、一時の熱狂が去ると、発見された墓の被葬者を安直にカロヤン王に同定することを疑問視する声もあらわれ始めた。そこで提起されたのは、以下のような疑問点である。⑴一二〇七年に死去したカロヤン王が、どうして一二三〇年に建立された「セバスティアの四〇人殉教者」聖堂に埋葬されているのか。⑵アセン家の王たちはみな、聖堂の内部に埋葬されているのに、カロヤンの墓だけが建物の外にあるのはなぜか。⑶王の墓ならば、豪華な石棺であるのが通例なのに、なぜこの墓は質素な木棺なのか。⑷印章付指輪の銘文に王としての称号が付されていないのはなぜか。

こうした一連の疑問点に対して、当時、ブルガリア歴史学界で指導的立場にあったイヴァン・ドゥイチェフは以下のように反論している⑵についてはコメントしていない)[31]。まず、王の墓所が彼の死よりも二〇年以上ものちに建立された「セバスティアの四〇人殉教者」聖堂に設けられている点については、同聖堂が聖別されたのはたしかに一二三〇年のことだが、建築事業はそれ以前から進められていたから、王の埋葬時期に関して大きな矛盾はない、というのが彼の見解だった。また、簡素な木棺が使用されているのは、王がテサロニケ前面で急死したため、急遽、現地で調達した棺におさめ、そのまま埋葬された結果であると説明している。指輪に王の称号がないことに関しても、それが王の即位以前に制作され、カロヤンのお気に入りの指輪だったため、即位後も指にはめていたのだと考えれば問題はない、といった調子である。

以上のように、提起された疑問点に関するドゥイチェフの応答は、「〜のように考えれば説明がつく」という論法に終始しており、どうしてそのように考えなければならないのか、とかさねて問われれば、返答しようがないような代物だったことは否《いな》めない。例えば、かりにカロヤンの遺骸がタルノヴォまで搬送されるあいだ、質素な木棺におさめられていたとしても、なぜ埋葬に際して王にふさわしい石棺に改葬されなかったのか、とか、あるいは、なぜ王になったのちも彼は名前に称号が付されていない銘文付の指輪をしていたのか、といった疑問がすぐに浮かんでくる。カロヤンはその指輪が王になる前からお気に入りだったのだろう、とドゥイチェフはいうが、それは史料的に何の裏付けもない憶測にすぎない。

「セバステイアの四〇人殉教者」聖堂第三九号墓の被葬者はカロヤン王と同名の別人ではないか、という疑惑はその後もくすぶりつづけたが、少なくともブルガリア政府の公式見解としては、それを王本人の墓とするのは既定路線であるようだ。とりわけ、社会主義体制が崩壊したのち、アセン家の諸王はビザンツへの隷属状態からブルガリア民族を解放し、第二ブルガリア王国をバルカンの強国に成長させた国民的英雄であるとして顕彰する動きが高まったために、いまさら新発見のカロヤン王の墓は、本当は別の人の墓でした、などとは言いにくい状況になっているのが実態であろう。二〇〇七年にはヴェリコ・タルノヴォの「セバステイアの四〇人殉教者」聖堂において、当時のブルガリア共和国大統領ゲオルギ・パルヴァノフの臨席のもと、カロヤンの遺骸の再埋葬式が同地の大主教グレゴリーの祭式で盛大に執りおこなわれている。[32] ソフィアのブルガリア国立歴史博物館には、三九号墓の被葬者の頭蓋骨から人類学者J・ヨルダノフが復元したカロヤン王の頭像が展示され、一般の観覧に付されている(図14)。

それでも、学問的に厳密さを求める声は消えず、二十一世紀にはいると、そうした声はさらに勢いを増してきたように感じられる。ここでとりわけ議論の焦点となっているのは、銘文付の黄金の指輪についてである。コンスタンティン・トテフによれば、その指輪は、様式において十三世紀後半から十四世紀前半以上に遡るものではなかった。それゆえ、その持ち主は、一二〇七年に死んだカロヤン王ではありえない、ということになる。そこに埋葬されていたのは、歴史的にはまったく無名で、十三~十四世紀のタルノヴォに生きていた「カロヤン」という名の貴人だったのだろう、と彼は結論づけている。[33] この指輪の様式や出来映えをタルノヴォその他で発見された同種の指輪と比較検証した結果、その製造元はタルノヴォの黄金細工師の工房と同定されること、そして、そうした工房が成立す

**図14 「カロヤン王(?)」の頭像**(ソフィア, ブルガリア国立歴史博物館蔵) 額の上に広がる鉢巻き状の帯は, 陳列ケースの枠の影である。

るのは十三世紀前半のことだから、問題の指輪が製造されたのは十三世紀半ばから後半にかけてと考えられること、さらに「セバステイアの四〇人殉教者」聖堂の第三九号墓は、十三世紀半ばに完成した煉瓦製の舗床に墓穴を掘るかたちで埋葬がなされているので、葬儀がおこなわれたのはその時期以降と推定されること、などを指摘したI・ソティロフの学説を紹介したうえで、印章学者のイヴァン・ヨルダノフ（頭像を復元した人類学者とは別人）は、こうした仮説にコメントするだけの論拠を自分は有していないと述べながら、「けれども、この印章付指輪の持ち主は、カロヤンという名の私的な人物であり、ツァーリのカロヤンと同一視されるべきではないのは事実であろう」と語っている。[34] おそらく、このあたりが、最新の学術上の到達点として妥当な結論といえるのではなかろうか。

# 第四章　テサロニケ皇帝テオドロス・ドゥーカスの挑戦

## 序　エペイロス国家の発展

エペイロス（現代の発音ではイピロス）は、ギリシア北西部の山国である。夏、エーゲ海側からピンドス山脈の山道をくだってエペイロスにはいると、まるで別天地に迷い込んだような気分を味わうことになるだろう。エーゲ海沿岸部の空に雲が一つもなく、眩い光が散乱し、空気の乾燥しきった環境とは対照的に、エペイロスの空気は湿潤で森も深く、冬には道路が凍結することもあるという。第四回十字軍にコンスタンティノープルが占領されたとき、この隠れ里にも喩えられるような地に、敗残のビザンツ人が集う亡命国家が成立した。この急造国家を率いたのは、ミカエル・ドゥーカスという人物であった[1]。彼の父、セバストクラトールのヨハネスは皇帝イサキオス二世とアレクシオス三世の叔父にあたる。キュプセラにおける会見の場でアセンの無礼を咎めて、その顔面を殴打させた人物、といえば、思い出す人もいるだろう。

帝都が十字軍に占領されたのち、ミカエルは、テサロニケの王位を得たモンフェラート侯ボニファッチョの一行に加わってギリシアに向かったが、途中で彼らを見限って縁者の伝手《つて》のあるエペイロスに転じ、一二〇五年に同地で自立した勢力を築く事業に着手していたのである。十字軍参加者のビザンツ領分割協定においてエペイロスがヴェネツィア人の取り分に指定されていたのも、ミカエルにとっては幸いだった。ヴェネツィア人は沿岸部の要衝であるコルフ島とデュラキオンの町を占領したことだけで満足し、エペイロスの内陸部を征服することには興味を示さなかったからである。エペイロスとギリシア本土を隔てるピンドス山脈も自然の障壁をなして十字軍勢力が南方から侵入するのを妨げていた。彼が樹立した国家は、祖国を失ったビザンツ人たちの避難場所の役割をはたし、ミカエルは、ラテン人による征服で発生した「大洪水」から人々を救った「第二のノア」と称えられた。[2]

彼は当初、自らの国家の基盤を安定させ、十分な国力がつくまでのあいだ、ラテン皇帝やヴェネツィア人に臣従する素振りを示して彼らとの武力衝突を巧みに回避している。その後、彼はおもむろに忠実な臣属君主の仮面を脱ぎ捨て、ピンドス山脈を越えてテッサリア平野に兵を進めた。一二一二年、テッサリア地方の中心都市ラリッサが彼の軍門にくだった。ラテン皇帝アンリは、この時期にしたためた書簡のなかで、ミカエルは四度、彼に対して武器をとらないと誓ってはそのつど、約束を破っている、と憤ったがあとの祭りだった。[3] さらにミカエルはヴェネツィア人に矛先を転じ、一二一三年にデュラキオン、一四年にはコルフ島をあいついで奪い返している。この結果、軍を南下させて本格的な再征服戦争を推進するうえで、背後から攻撃を受ける不安は解消された。いよいよラテン勢力に対して大規模な反転攻勢に乗り出そうとした矢先の一二一四年末、ないしは一五年の初頭、ミカエルはあっけなく世を去ってしまった。就寝中に従者の一人に殺害されたのである。[4] 動機は何か、何らかの陰謀がそこにあったのか、不明のままである。君主の地位は、彼の異母弟テオドロスが引き継ぐことになった。エペイロス国家は、この第二代君主のもとで急激な拡大を遂げることになる。

## 1 テサロニケの征服

不慮の死を遂げた兄に代わってエペイロス国家の舵取りを担うことになったテオドロスは、ミカエルの残した野心的なプランを引き継ぎ、それを着実に実行に移してゆく。即位直後の一二一六年には、かつてブルガリア王サムイルの王都であり、十一世紀以降、独立ブルガリア大主教の座所となっていたオフリドの町(図15)が彼の版図に加えられた。このとき、オフリド大主教に任命されたデメトリオス・コマテノスは、その後、テオドロスの有力なブレーンの一人として活躍することになる。[5] さらに翌一二一七年にテオドロスの武名を広く轟かせる事件が起きた。第三代のラテン皇帝に選出されたピエール・ド・クールトネーがバルカン山中を移動中にテオドロス軍の攻撃を受けて捕囚とされたのである。ピエールは、第二代ラテン皇帝アンリの姉ヨランドの夫であり、アンリが一二一六年七月に猶《ゆう》子《し》を残さずに死去したことを受けて後継者に選出され、一七年四月九日にローマで教皇から戴冠されたのちにアドリア海を渡って旧エグナティア街道をたどり、コンスタンティノープルへと向かう途中であった。ニカイア帝国の視点から歴史書を著したゲオルギオス・アクロポリテスも、今回のテオドロスの武勲について、「そのことは、当時、ローマ人にとっておおいに助けとなった」と率直に評価している。[6]

テオドロスは、ボニファッチョ王亡きあと、内紛で機能不全に陥っていたテサロニケ王国に容赦なく襲いかかった。同王国は、幼王デメトリオスの摂政を務める母后マリアと、ボニファッチョの嫡男でモンフェラート侯のグリエルモ六世を支持するロンバルディア出身の譜代家臣たちが主導権争いを繰り返し、急激に国力を低下させていたのである。一二一八年、テラメイコス湾の西岸に位置し、テサロニケを南から守っていたプラタモナスの要塞がテオドロス軍によって攻め落とされた(図16)。エペイロス国家の指導的な教会人の一人、ナウパクトス府主教ヨハネス・アポカウコスは、これを言祝ぎ、凱旋するテオドロスに対して「神は、あなたに対して、あなたの分け前と領土を拡大させることを宣明されているのです。そのとき、万事を為し、万事において全能な神と殉教者たちの冠である偉大なるデメトリオスが、あなたにテッサリア人の町〔テサロニケ〕の周辺領域を引き渡し、かの大都市《メガルウポリス》の市域へとあなたが立ち入ることを公式に宣告されたのではないでしょうか」と呼びかけている。[7] エペイロス陣営の視点に立てば、テオドロスの快進撃は、まさしく聖デメトリオスの裁可と助力の賜物だったのである。一二二一年、セレスの町がテオドロスの軍門にくだり、これによって、コンスタンティノープルのラテン皇帝がテサロニケを救うために来援するルートが遮断された。テサロニケは、周囲をテオドロスの支配地域に囲まれて、厳しい包囲にさらされることになる。一二二三年初め、ロンバルディア系封臣団との政争に疲れはてた前王妃マリアがテサロニケから退去し、ハンガリーに帰国した。元ビザンツ皇妃の彼女が立ち去ったことで、モンフェラート王家に対するテサロニケ住民の

図15　オフリドの街並み(北マケドニア)

図16　プラタモナスの城塞(ギリシア)

敬愛の念はいっそう低下したであろうことは想像に難くない。

一二二三年の半ばからテオドロス軍のテサロニケ攻囲作戦が始まった。ただし、テオドロスは港を封鎖するのに十分な自前の艦隊を有していたようには思えないので、海上ルートを通じて補給物資を市内に搬入することは容易であり、兵糧攻めの効果は薄かったものと考えられる。とはいえ、そうした状況においても、テオドロスが強引に城壁を突破し、力攻めでテサロニケの占領をはかった形跡はない。当時、モンフェラート侯グリエルモ六世に率いられた西欧からの救援軍が進発する動きがあったから、城壁を破壊して町を占領することができたとしても、新たな敵があらわれて町を防衛しなければならなくなった場合、城壁が壊れていれば命取りになりかねなかった。また、テサロニケを占領したのち、住民と良好な関係を保つためにも、町に与える損害は最小限に抑える必要があったであろう。テオドロスがテサロニケに対して直接的な攻撃を手控えたのは、おそらく、そうした緻密な計算に基づくものだったと考えられる。そして、それと同時に、かつてテサロニケの城壁の前で横死を遂げたブルガリア王カロヤンの例に鑑みて、聖デメトリオスの機嫌をそこなわぬように、聖人が守る町に公然と弓を引くのを避けた可能性もある。こうした行為は、たんに彼が迷信深かったから、というよりも、自分をいかなる存在として世間に印象づけるのか、というイメージ戦略の側面から理解すべき問題であるようにも思われる。

一二二四年末、テサロニケ攻囲戦は、西欧からの来援軍が到着しないことに絶望した町の守備隊が降伏することで幕を閉じた[8]。一二二五年の四旬節の頃、ナウパクトス府主教のヨハネス・アポカウコスは、ラリッサ主教に宛てた書簡で、テサロニケへ一緒に赴いて、コムネノス（テオドロス・ドゥーカス）の勝利に祝意を示し、聖デメトリオスの聖堂に参詣しようではないかと呼びかけている。[9] このたびの勝利にエペイロスが興奮と歓喜に包まれた様子がうかがわれる。一二二六年春、モンフェラート侯グリエルモ六世に率いられた西欧からの遠征軍がテッサリア海岸に上陸したが、陣中で総大将のグリエルモが急死したために、遠征は中途で挫折した。[10] ここにおいてテオドロスのテサロニケ奪還はほぼ確定した。

図17　テオドロス・コムネノス・ドゥーカスの貨幣

テオドロス・ドゥーカスはテサロニケ奪回を広く告知するために貨幣を発行している(図17)。上段の貨幣では、表面(図の上)にキリストの正面向きの胸像、裏面にテオドロス(左)と軍装の聖デメトリオスの立像が描かれていた。両人は先端に十字の印がついた槍、ないし杖を持っており、テオドロスが聖人から戦いで勝利する力を授けられていることを示す構図であると考えられる。聖デメトリオスの図像が貨幣に登場するのはコムネノス朝時代以来のことであった[11]。一方、下段の貨幣では、裏面(図の下)にテオドロスと聖デメトリオスが都市テサロニケのミニチュアを持った図案が採用されている。セシル・モリソンによれば、ビザンツ君主が首都のイメージとともに貨幣に登場するのは、これが初出であるという[12]。レオノラ・フンディチは、これを、聖デメトリオスがテサロニケの町をテオドロスに手渡している場面であると解釈しているが[13]、そうした理解にはやや違和感がある。というのも、キリスト、天使、聖人らが地上の君主に授けるものは、冠、剣、槍など、後者への支持と承認を象徴する事物が一般的であるのに対して、後者が天上の存在に献げるのは、彼らが創建した都市や聖堂などの例が広く認められるからである。そのようにみれば、この貨幣の図像は、テオドロスは、征服したテサロニケの町をあらためて聖人に捧げている場面を描いているのだと解釈するほうが妥当なのではないだろうか[14]。

## 2 皇帝戴冠

聖デメトリオスの都市テサロニケを奪取したことは、テオドロス・ドゥーカスにとって誇るべき勲功であった。帝国の首都コンスタンティノープルがラテン人に占領されていたこの時期において、テサロニケはビザンツ人が支配する最大の都市であった。テオドロスは、テサロニケの支配を固め、西欧からの報復遠征の危険性も遠ざかったことを見定めると、テサロニケの町で皇帝としての戴冠式を挙行することを決意する。本来、ビザンツ皇帝の戴冠式はコンスタンティノープルの聖ソフィア聖堂でおこなわれるのが鉄則であり、それが都の外でおこなわれることは想定されていなかった。ところが第四回十字軍がコンスタンティノープルを占領してそこに居座った結果、都の外に退避したビザンツ人によって組織された亡命国家は、コンスタンティノープル抜きで君主の即位儀礼をおこなう必要性に迫られることになる。小アジア西部に建設されたニカイア帝国では、すでに初代のテオドロス一世ラスカリス(在位一二〇四～二二)が一二〇八年、そして二代目のヨハネス三世ヴァタツェス(在位一二二一～五八)が一二二一年に戴冠式をあげていた。エペイロスのテオドロス・ドゥーカスの立場に立てば、ニカイア帝国の皇帝がコンスタンティノープルの外で即位儀礼をおこなっている以上、彼がテサロニケでそれをおこなってはいけない道理はあるまい、と考えても不思議ではない。彼や彼の異母兄のミカエル一世は、これまで君主として何の称号も帯びていなかったから、今後、ライヴァルのニカイア皇帝に対して対等な立場を主張するには、自らも「皇帝」を名乗っておく必要があったこともわかりやすい理屈である。一二二六年、テサロニケ征服の余勢を駆ってトラキア地方に彼が兵を進め、アドリアノープルの町からニカイア帝国の守備隊を放逐した際、町を退去するニカイア方の指揮官が彼に対してしかるべき敬意をはらわず、下馬さえしなかったことも、彼の自尊心をおおいに傷つけ、正式な皇帝即位儀礼へと彼を駆り立てた一因になったと考えられている。[16] いずれにしても、皇帝戴冠の儀式をテサロニケで盛大に挙行することは、彼のこれまでの華々しい功績を内外に喧伝するためのまたとない機会になるはずだった。

もちろん、そうした動きがニカイア帝国の皇帝の神経を逆撫でしないわけがなかった。ニカイア皇帝にすれば、正統なビザンツ皇帝は本来、一人だけのはずだから、彼以外の別の皇帝が別の場所で即位することなどありえないことになる。かりにそんな皇帝がいたとしたら、それは真っ赤な偽者ということになるはずである。ニカイア皇帝には、自らが唯一の正統な皇帝権の担い手であると主張しうる十分な根拠があった。それは第一に、初代のテオドロス一世が一一九九年に皇帝アレクシオス三世の娘婿となった際、デスポテスの称号を授けられて、将来の帝位継承者に擬せられていたこと、そして第二に、一二〇八年の戴冠に際してはコンスタンティノープル総主教ミカエル四世アウトレイアノスによって加冠されており、その地位を公式に聖別されていたことである。そうした視点からみれば、皇帝になろうとするエペイロス君主の動きは、本来、それへの正当な請求権をもたぬ輩が帝位を得ようとする越権行為にほかならず、そのうえ旧ビザンツ帝国民の分断を助長させる利敵行為ともなりえたから、言語道断の所業以外の何物でもなかったのである。

おそらく、テオドロス・ドゥーカスにしても、彼の戴冠の動きがニカイア陣営の怒りをかうのは百も承知のことだったであろう。いくらニカイア側がいきり立って抗議したとしても、戴冠式を取り止める気など彼にはさらさらなかったようにみえる。彼がこの段階で「皇帝」を名乗る気になったのは、前述したようにニカイア皇帝と対等な地位を前もって確保しておく必要があったことに加え、急激に支配領域が拡大した結果、これまでのような親族や僚友たちに軍指揮権や地方統治を分担させる「家族経営」的な統治体制では円滑に業務がこなせなくなる懸念が増したため、「皇帝」を頂点とした官位・官職のヒエラルヒーを再確立させて、行政システムの制度的構築を促進したいという思惑もあったのではないだろうか。史家ゲオルギオス・アクロポリテスは、テオドロス・ドゥーカスが皇帝として宣言されたあとにデスポテスやセバストクラトール、メガス・ドメスティコス、プロートヴェスティアリオスなどの皇族爵位や宮廷称号を分配したことを報じる一方で、テオドロスが帝国の諸制度には不案内で、「ブルガリア、あるいはむしろ蛮族の流儀」に基づいて業務をさばき、「位階や儀礼や、皇帝宮殿における古い慣行」に精通していなかったことを指摘している。[17] ここに、西方に誕生した新しい皇帝に対してあからさまに侮蔑的な視線を投じ、皇帝宮廷の基本的な行儀作法も心得ない田舎者としてそれを見くだそうとするニカイア側の人間の心理を見出すことは容易であろう。

実際のところ、ニカイア皇帝と比べてみると、テオドロスが「皇帝」を名乗るのは容易でなかったことがわかる。先にも述べたように、彼は、皇族の一員とはいえ、「セバストクラトールの息子」にすぎず、現ニカイア皇帝のテオドロス一世ラスカリスのように帝位継承者と目された存在ではなかった。しかも、彼には、加冠してくれるコンスタンティノープル総主教はいなかった。ほかの聖職者に代役を求めるほかはなかったが、だれがその役を務めるにせよ、総主教と比べて見劣りするのはいなめなかった。テサロニケ府主教コンスタンティノス・メソポタミテスはテオドロスの皇帝即位自体に

図18　聖ソフィア聖堂（テサロニケ，ギリシア）

反対だったため、戴冠式を執行し、テオドロスを聖別する役目はオフリド大主教のデメトリオス・コマテノスが担うことになった。戴冠式が執りおこなわれた日時と場所について詳細は定かではないが、近年の研究によれば、式典が実行されたのは、一二二七年五月二十九日の聖霊降臨祭の当日[18]、場所は、おそらく、テサロニケの聖デメトリオス聖堂ではなく、府主教座聖堂でもある聖ソフィア聖堂であったと考えられている。というのも、テオドロスが即位したのはビザンツ全土の支配者を意味する「ローマ人の皇帝」としてであり、聖デメトリオスの加護のもとにあるテサロニケ、ないしはバルカン・西方領土の「皇帝」を称したわけではなかったと思われるからである。その意味で、テサロニケの聖ソフィア聖堂の姿は、本来のビザンツ皇帝戴冠の場所であるコンスタンティノープルの同名の聖堂とイメージ的にかさなりあうことになるのである[19](図18)。

予想されたように、テオドロスの皇帝戴冠に対してニカイア帝国は激しく反発した。現実問題としてニカイア皇帝の支配領域は小アジア西部に限定されていたが、総主教の権威は、理念上、すべての正教信徒におよんでおり、それを足がかりに旧ビザンツ領の再統合をめざすのがニカイア側の目論見だった。そうした視点でみると、今回のテオドロスの「皇帝」戴冠は、西方において皇帝を加冠する資格をもつ「総主教」をもあわせて出現させる恐れがあり、旧ビザンツ領の東西分断状態がさらに固定化されることが懸念されたのである[20]。戴冠式の司式役を務めたデメトリオス・コマテノスがオフリド大主教だったことも、ニカイア側の疑念を増幅させた可能性がある。というのも、オフリドは、一〇二〇年に皇帝バシレイオス二世によって独立大主教座に格下げされるまで、ブルガリア総主教の座所だったからである[21]。ニカイアの「コンスタンティノープル」総主教ゲルマノス二世は、アマストリス府主教カロエテスを総主教代理大使としてテサロニケに派遣し、西方の聖職者たちを集めて査問させている。とくに総主教が問題視したのは、以下の二点である。(1)オフリド大主教が皇帝を戴冠させた前例はあるか。この問いは、そうした前例はないことを見越して、オフリド大主教の所業を越権行為として糾弾する意図でなされたのは明白である。(2)皇帝の戴冠式の塗油儀礼で用いる聖油は総主教だけが提供しうるものである。しかるにオフリド大主教はそれをどこで調達したのか。ここでも、戴冠式の手続き上の不備を指摘して、それが無効であることを立証しようとする総主教の思惑があからさまにあらわれている。[22]

総主教の糾問に対して、オフリド大主教デメトリオス・コマテノスは、ひるむことなく応戦の論陣を張っている。(1)の問いに関しては、彼は正面からは答えていない。オフリド大主教が皇帝を戴冠した前例などあるはずないのはだれでも知っていることだ。彼は、この点について、論点をずらし、現在は非常時であり、非常時においては平時の慣行を守るよう求めるのは不合理であることを指摘する。例えば、コンスタンティノープル総主教がコンスタンティノープルを離れ、ニカイアに常駐することなど前代未聞であり、そうした状況において前例を求めることに意味などあろうはずがない、というのがコマテノスの見解であった。さらに彼は、ユスティニアヌス帝が、彼が故郷に建設した都市プリマ・ユスティニアナの大主教をローマ教皇のヴィカリウス(代官)に任命した同帝の新法一三一条を持ち出して、これを自説の補強に利用している。彼は、プリマ・ユスティニアナがオフリド大主教座の前身であることを前提に、同主教座は教皇の「代理」なのだから、当然、教皇同様に皇帝を戴冠させる資格を有すること、さらには、教皇と同格であるならば、その管区内での権威はコンスタンティノープル総主教を上回ることになることを主張した。じつをいえば、プリマ・ユスティニアナがオフリドの前身だったという説は事実に反することであったが、コマテノスはそれについては口をつぐんでいる。このように、過去の歴史を自分の都合のよいようにねじ曲げる一方で、使えそうな古い法令を発掘して争論に勝利をおさめようとするコマテノスの姿勢を、ルース・マクリディスは「歴史家としては拙劣だが、法律家としては優秀かも」と評している。[23]そのようなコマテノスにかかれば、皇帝の戴冠式に総主教が調製した聖油がないことなど、たいした問題ではなかった。なぜなら、彼は聖デメトリオス聖堂から湧出する油を使用することができたからであり、神から授けられたその油はいかなる香油にも勝っていたからである。[24] ここにおいて、「西方のビザンツ皇帝」の権威を正統化する重要な武器として、聖デメトリオスの聖油がクローズアップされていることに注目しておきたい。

## 3 クロコトニツァ 読み違えた戦略

全ビザンツ人にとって悲願である帝都コンスタンティノープルの奪回を自らの手で実現することこそが、ニカイアから聞こえてくる雑音を封じ、皇帝の座に彼がもっともふさわしいことを証明する最善の手段であることをテオドロス・ドゥーカスは承知していた。彼はまず、ドイツ皇帝フリードリヒ二世(在位シチリア王一一九八〜一二五〇、ドイツ皇帝一二一二〜五〇)と連携をはかり、[25] コンスタンティノープルのラテン帝国の後ろ盾となっていた教皇の動きを牽制する一方で、ブルガリア王イヴァン・アセン二世にも接近して後者との友好関係を確保している。両国の協調体制を固めるために、テオドロスの弟マヌエルとイヴァン・アセン二世の娘マリアの結婚が取り決められた。[26] テオドロスにとって、コンスタンティノープル攻囲作戦中にブルガリア軍に背後を衝かれることだけは避けたかったのであろう。この協定が守られる限りは、彼はそうした懸念から解放されることになる。

一二三〇年春、テオドロスは、「イタリア人」(フリードリヒ二世の派遣した支援部隊か)を含む大軍を率いて進発した。その軍は、アドリアノープルをへてヘブロス(マリツァ)川の岸辺に達すると、不意に進行方向を北に転じてブルガリア領に向かって進軍を開始した。テオドロスが突然、軍の進路を変更した理由については推測するしかないが、ブルガリア王が協定を守ることに確信がもてず、相手の不意を突いて一気にブルガリア軍を粉砕し、後顧の憂いをなくしたうえで宿願のコンスタンティノープル攻略戦に臨もうと考えた、というのがおそらく真相に近いのだろう。ブルガリア王イヴァン・アセン二世は、急ぎ、これを迎え撃つべく一千弱の「スキュタイ人」(クマン人)部隊とともに出陣し、両軍は、一二三〇年三月九日、アドリアノープルとフィリッポポリスを結ぶ街道上のクロコトニツァ(現在のハスコヴォから北西に約八キロ)で激突した。この戦いで、これまで無敵の快進撃を続けていたテオドロスの軍は、はじめての、そして致命的な敗北を喫した。当初、数的優位を頼みにテオドロス軍が優勢に戦いを進めたが、一千弱のクマン兵を含む遊撃部隊がブルガリア王自身の指揮のもとに攻撃に加わると形勢は一変した。この戦いでテオドロス自身、彼の親族や多くの将官ともども、敵の捕虜となった。[27] 戦場付近の考古学的な発掘においては、多くの「遊牧民」風の鏃《やじり》が出土したという。[28]

この敗北により、テオドロスのコンスタンティノープル奪回の夢は潰え去った。それだけではない。彼のもとで急激に成長した彼の「帝国」は、この一撃によって一瞬にして崩壊の危機に瀕することになった。イヴァン・アセン二世の軍は、あたかも無人の野を行くがごとく、テサロニケ帝国の領土に進軍し、つぎつぎと都市や城塞を占領していった。イヴァン・アセン二世の娘婿マヌエルが統治するテサロニケとその周辺部だけはブルガリア軍の攻撃をまぬがれたが、むしろ、かつてのカロヤン王の例もあってか、ブルガリア王はテサロニケを直接、攻撃するのを避け、実質的な傀儡《かいらい》君主としたマヌエルに同市の統治を委ねることで満足した、といったほうが正しいようにも思われる。

新たにテサロニケの支配者の座に就いたマヌエルは、自己の名を刻んだ貨幣を発行している(図19)。上段の貨幣では、正装のマヌエル(左)と町の守護者、聖デメトリオスが十字架のついた円球を持ち、下段の貨幣では、マヌエルと聖人のあいだに三つの塔をもったテサロニケの町のモデルが描き込まれていた。[29] 先代のテオドロスの貨幣と比べるとテサロニケの町のモデルが大きくなっており、しかも都市のモデルの上方には「ポリス・テサロニキ」という銘文がことさらに付されているのをみると、マ

図19　マヌエル・コムネノス・ドゥーカスの貨幣

ヌエルがとりわけそれを強調しようとする意図を有していたことがうかがわれる。[30] それはあたかも、聖デメトリオスの加護が彼とともにあることを誇示しているかのようである。ところが、先にも述べたように、マヌエルの君臨する国家は、兄テオドロスのそれと比べれば見る影もなく貧相なものになっていた。その後、エペイロス初代君主ミカエル一世の庶子ミカエル二世が亡命先のペロポネソスから帰還してエペイロスに独自の支配権を樹立した結果、マヌエルの領地はさらに縮小した。一二三七年、イヴァン・アセン二世の圧力でマヌエルはテサロニケを追われ、その後釜にはテオドロスの息子ヨハネス（在位一二三七〜四四）が座った。[31] マヌエルはその後、紆余曲折のすえにテッサリア地方に拠点をすえることになる。かくして、かつてのテオドロスの「帝国」は、互いに血縁関係にあるものの、必ずしも仲がよいわけでもない君主たちが統治する三つの国に分裂した。縮小し、分断されたこれらの国々には、もはやコンスタンティノープル再征服をめざすような気力も実力も残されてはいなかった。ここにおいて、ビザンツ人の宿願とする帝都奪回の夢を担う主役の座は、決定的にニカイア帝国へと移った。

一二三二年、ニカイアの総主教から派遣されたエクサルコス（「上級監督官」とでも訳すべきか）、クリストフォロスが主催する教会会議において、エペイロスとマケドニア地方の教会が総主教の権威に服することが正式に宣言された。[32] 一二四二年、ニカイア皇帝ヨハネス三世ヴァタツェスは、テサロニケに兵を進め、軍事的圧力を加えることで、テサロニケのヨハネスに「皇帝」称号を放棄することに同意させせた。後者にはその代わりとして「デスポテス」の称号が授けられている。それは、実質的にテサロニケの君主がニカイア皇帝の宗主権に服することを意味していた。一二四四年、急逝した兄ヨハネスの跡を継いだデメトリオス・ドゥーカス（在位一二四四～四六）がこの家系最後のテサロニケの支配者となった。一二四六年、彼はなすすべもなく同市の支配権をニカイア帝国に奪われ、失脚した。[33]
かくして、聖デメトリオスの加護のもとにテサロニケが独立国家の首都の座を占めた時代は短期間で終結する。以後、テサロニケは、一二六一年に帝都コンスタンティノープルを奪回してビザンツ帝国を再興したパライオロゴス朝のもとで、帝国第二の都市としての歴史を歩むことになる。他方、クロコトニツァの勝者となったブルガリア王イヴァン・アセン二世のもとでは、ブルガリア王権とデメトリオス信仰の新たな邂逅が認められている。次章では、再びブルガリアに目を転じて、そのあたりの事情を掘り下げる作業を進めることにしよう。

# 第五章　イヴァン・アセン二世と王都タルノヴォ

## 序　イヴァン・アセン二世の即位

イヴァン・アセン二世は、第二ブルガリア王国建国の英雄、ペータルとアセンの兄弟のうち、弟のアセンの息子である。一一九六年に父親が暗殺されたとき、彼はまだ一歳か二歳の赤子にすぎず、叔父のカロヤンが一二〇七年に急死したときも、まだ十二歳の少年だったから、王権を行使するには年齢的に十分ではなく、従兄弟のボリルが実権を握るのを黙って見ているほかはなかった。ブルガリア国内におけるイヴァン・アセンの地位は不安定なものだった。新王ボリルの目には、王位への血筋という点で彼を上回る権威を秘めた従兄弟の存在は目障りなものに映ったに違いない。後者が成長していくにつれて、ボリルの政権に不満をもつ人々がイヴァン・アセンの周囲に結集して、彼の対抗馬に仕立てようとするのは目に見えていた。身の危険を感じたイヴァン・アセンはタルノヴォの宮廷を脱して、当初はドナウ対岸のクマン人のもとに身を寄せ、さらにはロシアのガーリチ公を頼って亡命した。[1] 一二一八年、成人に達したイヴァン・アセンはロシア人の軍隊を率いてブルガリアに舞い戻り、タルノヴォに拠るボリルを七カ月におよぶ攻囲戦のすえにくだして新たなブルガリア王の座に就いた[2](イヴァン・アセン二世。在位一二一八～四一)。彼はこのとき二十三歳前後であったと考えられる。彼のもとで第二ブルガリア王国は最大版図に達することになる。

## 1 イヴァン・アセン二世のイメージ戦略

前章でもみたように、一二三〇年三月九日、クロコトニツァの会戦において、イヴァン・アセン二世は、テサロニケ皇帝テオドロスの軍を撃破し、敵の総大将テオドロス以下、主立った敵将のほとんどを捕虜にする、という圧倒的な勝利をおさめた。戦いののち、テオドロス軍の敗残兵、とりわけ兵卒や雑兵たちに対してイヴァン・アセン二世は寛大な態度を示し、彼らが自由に故郷の町や村に戻るのを許している。歴史家ゲオルギオス・アクロポリテスは、彼がそのように振る舞ったのは、「人道的であると装うためであり、また、おそらくは彼にとって、そのほうが好都合に機能したからでもあった」と語っている。どういうことかというと、帰郷するテオドロス軍の兵士たちのあとからブルガリア王の軍勢が進軍すると、多くの都市が戦うことなく、彼らの前に門を開いたからである。ブルガリア王は慈悲深い人であるという戦場帰りの兵士たちが伝えた噂話はすぐに広まり、諸都市の警戒心を解く決め手となったのであろう。かくしてアドリアノープルやディデュモテイコンを皮切りに、セレス、ペラゴニア、プリレプなどの都市が彼の軍門にくだった。[3] 彼は、ほぼ思いどおりの成果をあげると、一部の「ローマ人」が死守する要塞は無理に攻め落とすことなく放置したままにして、彼の

図20　イヴァン・アセン２世の金貨

支配に服した地域には現地の軍政を担う司令官と守備兵、それに公租の徴税官を残して本国に戻っている。イヴァン・アセン王は「万人にとって、素晴らしく、幸福な人だと思われた」とアクロポリテスは伝えている。その理由は、「彼以前のブルガリア王のように、同胞に対して剣を振るうことも、ローマ人を殺害した血でその手を染めることもなかったから」であった。そのため、「彼は、ブルガリア人たちからだけではなく、ローマ人やほかの民族からも愛された」という。[4]

イヴァン・アセン二世が発行した金貨も、彼の支配をビザンツ系住民にスムーズに受け入れさせようとするイメージ戦略の一環と理解することができるだろう(図20)。この金貨の裏面(右)には軍装の聖デメトリオスが右手をイヴァン・アセン二世の頭に置いて加冠する様子が描かれていた。前章でも述べたように、テサロニケの町自体はブルガリア王の直接支配に服することはなかったが、この図案から、ブルガリア王の支配がテサロニケの守護聖人に祝福されているというメッセージを読み取ることは容易であろう。ビザンツ経済史・貨幣学の大家マイケル・F・ヘンディーは、こ

図21　ゾーグラフウ修道院(アトス山，ギリシア)

図22　イヴァン・アセン 2 世の黄金印璽

れらの貨幣は、一二三〇年のクロコトニツァの会戦ののち、彼が併合した旧テサロニケ帝国領で使用するために発行されたのであろうと論じている。[5] また、英国のビザンツ・東欧史家ジョナサン・シェパードは、イヴァン・アセン二世がテサロニケの町の支配に特別な関心を寄せていたことをこの貨幣から読み取ろうとしている。[6]

アトス山のゾーグラフウ修道院(図21)に現存するイヴァン・アセン二世の黄金印璽《いんじ》(図22)が発信しているのも同様のメッセージであったと考えられる。[7] この印璽は、本来、王がゾーグラフウ修道院に交付した黄金印璽文書に付されていたと考えられるが、残念ながらオリジナルな文書は失われており、十三世紀以降、アトス山におけるブルガリア系修道士の拠点となった同修道院[8]に王が授けた特権の内容を詳《つまび》らかにすることはできない。この印璽の一方(右)には「皇帝」としての正装姿のイヴァン・アセン二世の立像が描かれている。彼は正面を向き、側頭部に飾り紐を垂らした冠をかぶり、右手には王権を象徴するラバルムと呼ばれる杖、左手には十字架のついた球体を持っている。王の肖像の左右にはスラヴ語で「イヴァン・アセン、ブルガリア人とギリシア人の皇帝《ツァーリ》」という銘文が刻まれている。王はたんにブルガリア人の支配者であることにあきたらず、旧ビザンツ帝国領に居住するギリシア系住民に対しても広く支配権を行使する意欲があったことがこの銘文から読み取ることができるだろう。さらに興味深いのは、この印璽のもう一方の側(左)の図像である。そこには、正面向きに椅子に座り、膝の上で剣をなかば抜いた聖デメトリオスの姿が描かれていた。ドイツのビザンツ学者ペーター・シュライナーは、着座した聖人の肖像が特異であること、そのイメージは玉座のキリスト、ひいてはその地上の代理者である皇帝の座像とかさなりあい、君主の権威を強調する効果を有したことを指摘したうえで、このイヴァン・アセン二世の黄金印璽は一二三〇年のクロコトニツァにおける勝利を踏まえて、「聖人によってもたらされた勝利と、テサロニケに対する要求権のしるし、かつ第二ブルガリア王国がここにおいて獲得したバルカン地域における覇権」を示すものであると結論づけている。[9]

フランツ・A・バウアーは、パライオロゴス朝のアンドロニコス二世(在位一二八二〜一三二八)、同三世(在位一三二八〜四一)に仕えた宮廷詩人マヌエル・フィレスが聖ゲオルギオスの着座姿のイコンを主題に起草した「都を前にして武装して着席し、剣をなかばまで引き抜いている偉大なるゲオルギオスに」と題する詩を援用しつつ、黄金印璽の図像は、聖人が戦いの勝利後、剣を鞘におさめ、休息をとる場面であるという解釈を提示しているが、[10]やや強引な感もいなめない。フィレスの詩はタイトルにあるように、聖人のイコンを見て、その有様を描写したいわゆる「エクフラシス」の部類に属する作品であり、聖人が剣を鞘におさめようとしているのか、あるいは剣を抜こうとしている動作とみるかは見る人次第であり、バウアーの解釈が唯一無二のものと考えることができないのがその第一の理由である。実際、軍事聖者が着席して剣をなかば抜いている同様の図像について、美術史家ヘンリー・マグアイアは、これを聖人が剣を抜きながら立ち上がろうとしている姿という見方を示しており、筆者にはこちらの見解のほうが自然なように感じられる。[11]

いずれにしても、剣を膝に載せて着座する聖デメトリオスの図像を、クロコトニツァの戦勝とことさらに結びつける必要はないようにも思われる。次に示したのは、テオドロス・ドゥーカスの息子ヨ

図23　ヨハネス・ドゥーカスの青銅貨

ハネスがテサロニケで発行した青銅貨の写真である(図23)。向かって左の貨幣には、イヴァン・アセン二世の黄金印璽とよく似たポーズの聖デメトリオスの座像が描かれている(上)。少なくとも、こうした聖人の肖像がブルガリア王の専売特許ではなかったことがわかるだろう。目を引くのは、向かって右の貨幣である。表側(上)に大天使ミカエルの胸像が描かれたそれの裏にはヨハネス自身の座像が刻印されていた(下)。右肘の張り具合など、それが聖デメトリオスの座像を意識して模倣しているのは明らかであろう。ペーター・シュライナーが先に語っていたように、ここには聖人のイメージを自らのそれとかさねあわせることで、自己の権威を高めようとする支配者の意図が

図24　ヨハネス３世ヴァタツェスの青銅貨

働いていたのである。

　ヨハネス・ドゥーカスの貨幣に着座の聖デメトリオス像が採用されたのは、彼がブルガリア王イヴァン・アセン二世の実質的な宗主権下にあったため、後者の印璽の意匠を踏襲する必要に迫られたからではないか、という見解が提示されることも予想されるので、それに対する反証も示しておこう。それは、一二四六年にテサロニケの支配者となったニカイア皇帝ヨハネス三世ヴァタツェスの貨幣である(図24)。やや見にくいが、中央と右の貨幣の表側(写真の上方)に聖デメトリオスの座像が描かれている。また、左側の貨幣は、先にみたヨハネス・ドゥーカスのそれと同様、表(上)に大天使ミカエルの胸像、裏(下)に君主の座像という取合せになっているのも興味深い。

いうまでもなく、ニカイア皇帝のヨハネス三世はブルガリア王に従属していたわけではなかったから、自由な意思に基づいて貨幣の意匠を決定できたはずである。彼がこれらの貨幣デザインを採用した理由にあえて思いをめぐらせるとすれば、おそらくは、前任のテサロニケの支配者が用いていた貨幣の意匠をそのまま引き継ぐことで前体制との連続性を強調し、支配者の交代と同時に統治体制が激変するわけではないことをアピールして現地住民の不安感を除去することが意図されていたのかもしれない。ともあれ、着座する聖デメトリオス像をことさらに同時代の政治・軍事情勢と結びつけることには慎重であるべきだろうが、テサロニケの支配権を求めるこの時代の君主たちが、同市の守護聖人である聖デメトリオスの支持が自らにあることを訴えるかのように、聖人の肖像をこぞって自分たちの貨幣に刻印させていることは留意しておいてもよいだろう。

## 2 「セバステイアの四〇人殉教者」聖堂の建立

一二三〇年、クロコトニツァの会戦に勝利したイヴァン・アセン二世は王都タルノヴォに凱旋し、自らの偉業の記憶を永遠に残すためにヤントラ川の畔《ほとり》に一つの教会を建立した。「セバステイアの四〇人殉教者」聖堂である(図25)。その名の由来は、会戦が聖人の祭日である三月九日に起きていることに由来している。王はこのたびの勝利を四〇人の聖人の支援によるものと考え、感謝の気持ちを込めて、彼らに捧げられた聖堂を建立したのである。オスマン朝支配下にモスクに改造された聖堂の建物は、ブルガリアの独立後に聖堂に復したが、一九一三年の地震で大きな被害を受け、社会主義体制のもとでは前述した学術的な発掘調査の対象になることはあったにせよ、聖堂の遺構自体はほとんど廃墟のままに放置された状態にあったようである。タルノヴォの「四〇人殉教者」聖堂遺構の復元事業が本格化するのは、ソ連・東欧の社会主義圏が解体し、ブルガリアでも自由主義体制への移行が進んで、中世のブルガリア王たちに対する公式的な評価が一八〇度転換した時期に符合している。復元工事が完了して同聖堂が歴史的な文化遺産として一般に公開されたのは二〇〇六年のことである。[12]

イヴァン・アセン二世王は、この教会に多様な意味を込めていたように思われる。その第一は、先にも述べたように、彼の偉大な勝利の記憶を未来永劫にわたって保存するための記念碑としての機能である。王は、聖堂の堂内に立つ円柱の一本に、聖堂建立の経緯と自己の事績を以下のように刻ませている(図26)。

六七三八〔一二三〇〕年、神たるキリストに忠実なる皇帝《ツァーリ》かつブルガリア人のアウトクラトール、亡きツァーリ、アセンの息子たる余、イヴァン・アセンは、聖なる四〇人の殉教者の名において、このいとも誉れ高き聖堂を土台から築き上げ、そのすべてを絵画で飾り立てた。これら聖者たちの加護のもと、我が治世の一二年目、この聖堂の壁画が描かれた年に余はロマニアに出征し、ギリシア人の軍勢を潰走《かいそう》させ、ツァーリのテオドロス・コムネノス自身とその配下のすべての貴顕を捕囚にした。余はアドリアノープルからデュラキオンにいたるまでの彼のすべての領土を、ギリシア人の地も、セルビア人やアルバニア人の地もともに征服した。コンスタンティノープル周辺の諸都市や帝都自体はフランク人によっておさめられてはいるが、彼らも我が帝権に服してい

**図25　「セバステイアの40人殉教者」聖堂**（ヴェリコ・タルノヴォ，ブルガリア）

**図26　イヴァン・アセン２世の戦勝記念碑文**（「セバステイアの40人殉教者」聖堂）

る。なぜなら、彼らは余以外にいかなるツァーリも擁してはおらず、余のおかげで暮していられるからである。そのようにお定めになったのは神である。神なしにはいかなる言葉も行為も達成されることはありえないのであるから。永遠に神が称えられますように。アーメン。[13]

碑文の内容に若干の補足を加えておくと、文中の「ロマニア」とは、ここでは旧ビザンツ帝国領を示し、「テオドロス・コムネノス」とはテサロニケ皇帝テオドロス・ドゥーカスにほかならない。彼の父方の祖母はコムネノス家の出身だったため、史料によってはこのように表記されることもあった。この碑文でイヴァン・アセン二世が誇らしげに語る勝利とは、クロコトニツァの会戦におけるそれであることはいうまでもない。それに続けて、「アドリアノープルからデュラキオンにいたるまでの彼〔テオドロス〕のすべての領土」を征服し、コンスタンティノープル周辺をおさめるフランク人〔西欧人〕も彼の帝権に服していた、と語られているが、このあたりはいささか誇大宣伝がすぎるきらいがある。戦いに勝利したのち、たしかにブルガリア王の軍勢はテオドロスの領国に攻め込んだが、テサロニケ以西の領土、とりわけデュラキオンのようなアドリア海沿岸部には実効支配はおよんでいなかったのが現実である。また、コンスタンティノープルのラテン帝国にしても、この時期、ブルガリア王国の圧力に脅かされていたのは事実であるにせよ、後者に服属していた、というのはどうみても言い過ぎであるように思われる。自軍の勝利をことさら華々しく言い立てるのは、この種の戦勝碑文ではよくあることなので、とくに驚くべきことではあるまい。また、ある意味、当然といえば当然であるが、ここでイヴァン・アセン王は、このたびの戦勝の栄誉を「セバステイアの四〇人殉教者」にのみに帰し、聖デメトリオスの加護については一言もふれていないのも個人的には気になるポイントである。王の胸の内は知るよしもないが、テサロニケ周辺地域で彼が示した聖デメトリオス崇敬のポーズはあくまでも現地のギリシア系社会に向けられたものであり、ブルガリア本国で同じように振る舞う必要は感じていなかった、という面もあるのかもしれない。

話を「四〇人殉教者」聖堂に戻そう。イヴァン・アセン二世が、この聖堂に求めた二番目の機能は、この聖堂を彼の一族の墓廟とすることであった。この聖堂は、第二ブルガリア王国時代には王家直属のラウラ修道院の主聖堂としての役割を担っていたことが知られている[14]。その意味で、タルノヴォにおける同修道院は、十二世紀のコンスタンティノープルにおいてパントクラトール修道院がコムネノス朝の皇帝たちの霊廟として構想されていたのと同様の機能をはたすことが想定されていたのだと考えることができるだろう[15]。

こうした機能に加えて、イヴァン・アセン二世王がこの教会に込めた三番目の思いは、第二ブルガリア王国の歴史をかつての第一王国のそれと連接させ、往古の栄光の時代の記憶を喚起し、自らをそうした輝かしい伝統の継承者として演出することで自己の権力の正統性を強調することであったように思われる[16]。先にも述べたように、王は教会の堂内に自らの戦勝を記念する碑文を刻んだ円柱を立てているが、それと並んで、第一ブルガリア王国時代の九世紀の碑文が刻まれた二本の石柱を古都プリスカからわざわざ運ばせて堂内にすえつけているのである。イコノスタシスのすぐ前、右手に立つ白っぽい円柱には、第一ブルガリア王国の君主クルム(在位八〇二頃~八一四)が刻ませた碑文が残さ

図27　「セバステイアの40人殉教者」聖堂の堂内

れており、同様にその手前のやや黒っぽい円柱には同じくオムルタグ（在位八一四／五〜八三一頃）のそれが刻まれている（図27）。なぜ、これらの石柱が選ばれたのか、という問いに答えるのは難しい。それを説明してくれる同時代史料がないからである。ただ、あえて想像をたくましくすれば、それぞれの石柱をめぐる仮説を提示することはできるかもしれない。まず、クルムの石柱に関してであるが、この君主について真っ先に想起されるのは、ブルガリア領に攻め寄せたビザンツ皇帝ニケフォロス一世（在位八〇二〜八一一）の大軍を迎え撃ち、これを撃破して皇帝自身を敗死させたことではないだろうか。[17]イヴァン・アセン二世は、ブルガリア国家の危難を救った英雄の姿を、クロコトニツァにおける自身のそれと意識的にかさねあわせ、それによって自らの威信をいっそう高めようとしたのだ、と想像するのは難しいことではないだろう。また、オムルタグの石柱に関しては、碑文の内容が宮殿の建設に関するものであることを勘案すれば、美しい建築物で都をかざる自身の姿をアピールする思いがあった、と解釈することも可能になるだろう。[18] タルノヴォの「四〇人殉教者」聖堂は、イヴァン・アセン二世が構想する壮大な理念を、建築全体をとおして体現させた注目すべき歴史的遺産なのである。

## 3 タルノヴォを聖なる都市に

一二三五年、イヴァン・アセン二世は、ニカイア皇帝ヨハネス三世ヴァタツェスと盟約を結び、ブルガリア王の娘ヘレナと皇帝の息子で後継者のテオドロス(のちのテオドロス二世ラスカリス。在位一二五四〜五八)の縁組みが結ばれた。それと同時に、タルノヴォ主教は今後、総主教と宣言され、独立した地位を享受することが、皇帝と教会会議の議決をへて正式に承認されている。[19] ここにおいて、第二ブルガリア王国は、かつて第一王国がそうであったように、聖俗両権のトップに「皇帝《ツァーリ》」と「総主教」が並び立つ、ビザンツと相似形の国家体制の外観を整えることになった。[20] こうした動きと並行して、歴代のアセン家の君主たちは、ブルガリア各地から聖遺物を集め、それを彼らの首都であるタルノヴォに集積する事業を熱心に進めている。創建まもない頃のコンスタンティノープルが聖地からキリストや聖母、使徒らの聖遺物を大量に運び入れ、「新しいイェルサレム」として神聖な都市のイメージをまとうのに熱中していたこととの類似性をそこに認めることは容易だろう。別の言い方をすれば、アセン家の王たちが進めた事業は、コンスタンティノープルの先行例を模倣して、それをブルガリアという限定された規模で再現したものといえるのである。[21] 王朝の創建者、ペータルとアセンの兄弟はすでに一一九〇年頃にブルガリア第一の古刹、リラ修道院の創建者である聖イヴァンの聖遺物をタルノヴォに移し、この聖人に献げた教会を建立して厚く崇敬する姿勢を示していたし、カロヤンも、ミハイル・ヴォイン、イヴァン・ポリヴォツキー、モグレナのヒラリオンといったローカルな聖人の遺物を丹念に収集している。[22] そうした、ブルガリアの首都タルノヴォに集結した一連の聖人たちのなかでも、聖ペータルと聖ペトカの二人は、第二ブルガリア国家のアイデンティティを確立するうえで、極めて重要な機能をはたしていたことが明らかになっている。

聖ペータルとは、第一ブルガリア王国の「皇帝《ツァーリ》」ペータル（在位九二七〜九六九）のことである。ビザンツ軍をしばしば圧倒してコンスタンティノープルに迫った彼の父シメオンと比べると、現代の歴史書における彼の存在感は希薄であり、総じて、ブルガリアがビザンツに実質的に従属するのを拒めなかった気弱で無能な君主という世評が定着しているように思われる。[23] ところが中世のブルガリアでは、彼の治世は平和で繁栄した時代として深い追慕の念とともに回想される時代であったようである。例えば、十一世紀末に成立したとされる『ブルガリア偽典年代記』では、「ブルガリア人の皇帝《ツァーリ》、聖ペータルの時代には、あらゆるもの、つまり、小麦やバター、蜂蜜、ミルクやワインといったものが豊かで、大地は神のあらゆる恵みで満ちあふれ、何の欠けたものもなく、神の御意思により、あらゆるものがありあまり、うんざりするほどであった」と語られていた。[24] ブルガリア教会が総主教をいただき、ブルガリアがミニ・ビザンツ国家の外観を帯びるのも彼の治下のことである。ブルガリアの研究者イヴァン・ビリアルスキーやセルビアの美術史家エレナ・エルデリャンが語るところによれば、ブルガリアにおける聖ペータル信仰は、ビザンツにおけるコンスタンティヌス大帝へのそれとパラレルな関係にあったという。[25]それぞれの国の民にとって、彼らは原初の黄金時代の理想の君主として愛着を込めて思い起こされ、彼らの時代への回帰が国家再興の政治的スローガンとして繰り返し唱えられるような存在だった。[26]先にもみたように、第二ブルガリア王国建国の祖である二人の兄弟のうち、兄(元の名はテオドロス)が「ペータル」と名乗ったのも、こうした理念に基づいていることは論を俟たない。その名には、第一ブルガリア王国の聖ペータルの世を蘇らせる、という思いが込められていたのである。

一方、聖ペトカ(ギリシア語では、パラスケヴァ)への信仰は、コンスタンティノープルにおける聖母信仰に対応していた。クロコトニツァの会戦のすぐあとに、イヴァン・アセン二世によってコンスタンティノープル近郊からタルノヴォにもたらされたこの聖女の聖遺物は、王権に直属した教会(「四〇人殉教者」聖堂か、あるいは王宮の所在したツァレヴェッツの丘上のそれと想定される)に安置され、手厚く崇敬された。やがて彼女は、コンスタンティノープルにおける聖母のように、タルノヴォの町の守護者としての機能を担うことになる。[27]十四世紀後半のブルガリア総主教エウテュミオス(在位一三七五〜九四)は、彼が著した聖女の伝記のなかで「あなたのおかげで我らが町(タルノヴォ)はより強固となり、輝かしい勝利によって栄誉を与えられました」と語って聖女を称え、町に攻め寄せる敵から加護してくれるよう彼女に懇願している。[28]

タルノヴォの町の守護聖人として聖ペトカの存在感が大きくなるにつれて、相対的に聖デメトリオスの影は薄くなったことは否定できない。ブルガリア王権の立場からみれば、聖デメトリオスを国家独立のシンボルとして掲げつづければ、聖人のもともとの居場所であるテサロニケとの軋轢《あつれき》は避けられず、その場合、伝統の厚みの勝負になればブルガリア側が圧倒的に不利な立場に立たされるのは火を見るよりも明らかだった。おまけに、テサロニケ前面でカロヤンが横死した時点でほぼ勝負はついた、といってもいいだろう。それ以後のブルガリア君主が聖デメトリオス信仰という借り物のシンボルに強く執着せず、聖ペトカという自前の守護聖人を前面に押し出す作戦に切り替えたのはそういった意味で合理的な選択だった、ということもできそうである。

このような一連の動きは、タルノヴォが「第二のテサロニケ」を装うことをやめ、「第二のコンスタンティノープル」であることを標榜するようになるのと軌を一にしていた。十四世紀半ば、コンスタンティノープル総主教カリストス一世(在位一三五〇〜五三、一三五五〜六三)の時代、「タルノヴォのテオドシオス伝」において、タルノヴォは「ブルガリア人の帝都、学芸と功業においてコンスタンティノープルにつぐ」と形容されていた。[29] 前述したブルガリア総主教エウテュミオスも、タルノヴォを「諸都市の母」であるコンスタンティノープルの「真の子ども」と語っている。[30] タルノヴォの町の人口は、十三世紀初頭の五〇〇〇〜一万から十四世紀には一万五〇〇〇〜二万へと増大していた。[31] この町に王宮を築いた歴代のブルガリア王たちは、町の外観を意図してコンスタンティノープルに似せることで、後者が帯びた聖性を自分たちの町にも帯びさせようとしたのである。

## 4　ブルガリア民衆の心のなかのテサロニケ

再興されたブルガリア国家の守護聖人としての聖デメトリオスの地位は相対的に低下したのは事実であったとしても、そのことは、ブルガリア人がこの聖人に対する崇敬の念を失っていったことを意味するものではなかったように思われる。十三世紀頃、ブルガリアの民衆のなかから生まれた伝承によれば、聖デメトリオスは、ゾドニアという名のギリシア人の母親とテオドロスという名のブルガリア人の父親から生まれたのであり、後者はテサロニケのエパルコス（長官）を務めていたという。[32] 聖デメトリオスが加護する町としてタルノヴォがテサロニケに取って代わるのが難しいのならば、聖人自身が半分ブルガリア人だったということにしてしまおう、という感じだろうか。これは、聖デメトリオス自身が歴史上、実在が確認できない人物であるだけに、それに輪をかけた荒唐無稽な話だが、いかなる手段を講じてでもこの聖人を自分たちの身内に取り込みたいというブルガリア民衆の一途な思いを感じることはできそうである。

テサロニケの町自体をブルガリア人が領有することはなかったが、同市は「スラヴ人の使徒」キュリロスとメトディオスを生んだ町として、神の摂理によりブルガリア人が神の御言葉を受け取ることが定められた場所である、という伝承が生まれていた。[33] そうした意味で、テサロニケの町は、ブルガリア人の心情においては、自分たちの導きの星となった特別な存在でありつづけたのである。「預言者ダニエルの幻視」や「聖アンドレアス・サロスの黙示録」といった中世後期のスラヴ語終末論作品では、世界の終末に先立って、「最後の王」ミカエルがテサロニケに入城することが語られている。[34]それらの一つの典型として、「預言者ダニエルの幻視」の一節を以下に引用してみよう。

〔第一〇の角笛が鳴り〕第一の日がくると、ミカエルがツァーリの権力を得るであろう。山々が動き始め、川の中の魚が死に絶えるであろう。神は永遠に彼とともにあるであろう。そして〔彼は〕西方からテサロニケにはいり、全力をつくしてツァーリの権限を保持し、その足で敵を踏みつけるであろう。彼の王笏《おうしゃく》はテサロニケにおいて君臨することになる。彼の怒りは神に背を向けた人々に向けられた。地上はすべて平安になり、いまだかつてなかったほどの大いなる喜びに満たされることになった。[35]

タルノヴォが、理想の帝都としてコンスタンティノープルのイメージに接近しようとしていたのと相前後して、テサロニケは、スラヴ正教世界の「精神上の首都」としての威光を帯びるようになっていたのである。

# 第六章　テサロニケ　セルビア人の心の都

## 序　ビザンツ・セルビア関係前史

セルビア人は、中世初頭にバルカン半島に進出したスラヴ民族の一派である。十世紀のビザンツ皇帝コンスタンティノス七世ポルフュロゲネトス(在位九一三〜九五九)が著した『帝国統治論』によれば、セルビア人はバルカン半島の西部、北はクロアティア人、南はブルガリア人と境界を接する地域に定着していたという。[1]第一ブルガリア王国との戦いに苦戦を強いられていたビザンツ側にとって、セルビア人は、マジャール人などとともに敵の背後を衝くのに有用な同盟者と考えられていた。セルビア人がキリスト教を受容した時期について断定的な物言いはできないが、バルカン西部ダルマティア地方の住民が皇帝バシレイオス一世(在位八六七〜八八六)に使いを寄越し、ビザンツへの臣従とキリスト教への改宗を申し入れてきたのを受け、皇帝が彼らのもとに使節と聖職者を派遣し、人々に洗礼を施した、という『帝国統治論』の記事を根拠に、[2]この時期に比定するのが通説になっている。

一〇一八年に第一ブルガリア王国が滅亡し、その領土がビザンツ帝国に併合されると、後者は直接、セルビア人の居住地域と境界を接することになった。彼らはビザンツ皇帝の宗主権に服す姿勢を原則的に保っていたが、彼らの領国は帝国版図の周縁部に位置して皇帝の権力も十分におよばなかったため、事実上、独自の君侯のもとで自治と自由を享受していたようである。あまり詳しいことはわからないが、この段階では統一的な王権は発展せず、各地に有力な部族勢力が割拠する状態が続いていたと考えられている。

十一世紀後半、セルビア系の君侯は名目的には皇帝の臣下にとどまりつつ、実際には自己の裁量に従って行動する自由を確保していたように見受けられる。ディオクレイア（現在のモンテネグロ）の君侯コンスタンティノス・ボディンがその典型である。彼は、一〇七二年に旧ブルガリア領西部で勃発した反乱にリーダーとして招かれ、ビザンツからの独立闘争の指揮を執っている。[3] その際、彼が「ペトロス」（スラヴ語で「ペータル」）と名乗っているのは注目されよう。前章でもみたように、それは、ブルガリアの黄金時代を象徴する「皇帝」の名前なのである。およそ一世紀後のアセン家の反乱と同様、反乱の指導者がその名を帯びることは、現地の住民たちに過去の栄光の記憶を呼び覚まさせ、ビザンツ支配の軛《くびき》を振りはらって決起するのを促す効果があると考えられていたのである。[4] 結局、この反乱はビザンツ軍の反撃を受けてあえなく失敗に終わった。コンスタンティノス・ボディンは捕らえられてシリアのアンティオキアへの追放刑に処せられたが、ほどなくして流刑地を脱出して帰国することに成功している。

ついで一〇八一年に南イタリアの覇者ロベール・ギスカールがビザンツ領バルカンに侵攻すると、

ボディンは皇帝の要請を受けて出陣したが、ここでもかなり気ままな動きを示している。彼は同年十月十八日にデュラキオン城外で発生した会戦では戦いに加わることなく高見の見物を決め込み、ビザンツ軍が敗北するのを見届けると配下の兵を率いてすぐに撤収しているのである。[5] ビザンツ皇帝は、対ノルマン戦の同盟者としてボディンの支持を繋ぎ止めることに躍起になっていたようである。この時期、彼はプロートセバストスの爵位を皇帝から授けられていることが印章資料から確認されている。[6] 同じ爵位は当時、皇帝の弟アドリアノスが帯びていたから、[7] 彼は皇帝の兄弟と同等の格式を与えられたことになる。ちなみに同じ爵位は、今回のギスカールとの戦いで艦隊を提供したヴェネツィア元首にも授けられていた。[8] ボディンはそれと並ぶ地位にあると目されていたことになる。

ノルマン危機が去るとバルカン西部へのビザンツ当局の関心は低下し、史料中のセルビア人への言及も少なくなるが、両者の交流が続いていたのは間違いない。皇帝マヌエル一世コムネノスの治下(一一四三～八〇)、ビザンツ軍はしばしばこの地域に遠征して現地住民の忠誠を確保するのに腐心する一方、セルビア兵の一部はビザンツの外国人部隊に属して皇帝のために軍務に従事する姿も見受けられた。[9] セルビア人の居住地域からヴァルダル溪谷をくだればテサロニケに到達することができたから、平時には多くのセルビア人がこの町を訪れており、一部は定住する者もいたようである。一一八五年のノルマン軍によるテサロニケ攻略に立ち会った同市の府主教エウスタティオスは、彼の町に聖デメトリオスを熱烈に信奉するセルビア人の一団がいたことを証言している。[10] 同じ十二世紀後半、セルビア本国においても、その後の歴史に大きなうねりをもたらすことになる動きが生まれようとしていた。

## 1　ステファン・ネマニァと聖サヴァの時代

一一六五〜六八年頃にビザンツ皇帝マヌエル一世によってセルビアの「大ジュパン」(大公)の地位を承認されたステファン・ネマニァ(在位一一六五頃〜九六)のもとで中世セルビア国家の発展は始まる。ただし、彼の治世は苦い経験から始まった。ビザンツ支配からの脱却をはかって彼は反乱の兵をあげたが、一一七二年、皇帝マヌエル直率のビザンツ軍が攻め寄せると抗しきれず、降伏を余儀なくされている。皇帝はネマニァを捕囚としてコンスタンティノープルに連行し、後者は、ビザンツの帝都で今回の戦役の顚末が描かれた皇帝宮殿の壁画を得意満面の皇帝と一緒に見物させられる、という屈辱的な体験まで強いられている。彼はこうした哀れな敗者の役回りを忠実に演じることで、皇帝の怒りを解き、セルビアの支配者の座にとどまることを許されたのである。[11]

一一八〇年、皇帝マヌエルが没し、ビザンツの国内政局が混乱した機に乗じて、ステファン・ネマニァは再度、自立の動きを顕在化させた。彼はハンガリーの協力を取りつけ、さらに、ビザンツからの独立運動を開始したアセン家の第二ブルガリア王国とも連携してビザンツに対抗する態勢を整えた。この時期には彼は西欧勢力に接近する動きも示しており、一一八九年には、第三回十字軍に参加してバルカンを行軍中のドイツ皇帝フリードリヒ一世バルバロッサとニシュ(ナイスス)の町で会見し、臣従とドイツ軍への積極的な協力を申し入れている。もちろん、そうした申し入れの背後には、対ビザンツ戦でドイツ軍の軍事支援を確保したいというネマニァの思惑があったことはいうまでもない。[12]
一一九〇年代の初め、ネマニァはビザンツ皇帝イサキオス二世アンゲロスと和平を結んだ。[13] 第二ブルガリア王国との戦いに手を焼いていたビザンツにとっては、かつての第一王国との戦いの際と同様、セルビアを味方につけ、彼らにブルガリアを背後から脅かす役回りをはたしてもらいたいという期待があったのだろう。
ネマニァの次男ステファン（のちのステファン「初代戴冠王」。大公在位一一九六〜、国王在位一二一七〜二八）とイサキオス二世の姪エウドキア（皇帝の兄アレクシオス〈のちの皇帝アレクシオス三世アンゲロス〉の娘）との結婚が取り決められたのもこの時期のことと思われる。[14] ステファンはこのとき、皇帝からセバストクラトールという皇帝の子弟と同格の爵位も授けられた。ヴラダ・スタンコヴィッチによれば、彼のビザンツ皇帝家への加入は、セルビアの君主家門とビザンツ皇帝一門とのあいだの強固な絆の樹立への重大なステップとなり、十三世紀にセルビアを「ビザンツ的世界」（スタンコヴィッチは「オイクーメネ」という用語を用いている）に完全に包含させるプロセスの端緒を拓いたのであった。[15]
一一七四年頃に生まれたネマニァの三男ラストコは、生来、信仰の念が厚く、一一九二年頃、父に委ねられた分国代官の地位を捨てて出奔し、アトス山のパンテレイモン修道院で修道衣をまとい、サヴァと名前を改めた（ギリシア語では「サッヴァス」）。セルビアにおいて今日においても最大級の崇敬を集める聖者、聖サヴァがここに生まれた。[16] 彼は父親から帰国を求められると逆に父に遁世を勧め、ネマニァはそれを受け入れて一一九六年にセルビア大公の座を退き、自身が建立したストゥデニツァ修道院で出家して修道名シメオンを名乗った。彼はその後、アトス山のヴァトペディ修道院に居を移していたサヴァのもとに合流する。一一九八年から翌年にかけて、父子は皇帝アレクシオス三世の承認を得て、当時、荒廃していたヒランダル修道院の再建事業に乗り出し、十三世紀初頭には同修道院は修道士九〇人を擁するまでに成長するにいたった。[17] 以後、ヒランダル修道院は、アトス山におけるセルビア系修道士の一大拠点として発展することになる(図28)。

一一九九年二月十三日、修道士シメオン(ステファン・ネマニァ)はアトス山で世を去った。一二〇四年に第四回十字軍がコンスタンティノープルを占領し、アトス山にも西欧勢力とローマ教会の影響力がおよび始めると、サヴァはこれをきらって父の遺骸とともにセルビアへ帰国することを決意した。母国に帰着した彼は、父が創建したストゥデニツァ修道院に居を定め、セルビア教会を指導する役割を担った。同じ時期に彼の兄ステファンは、西欧勢力に接近する動きを強めている。彼は、一一九八年頃に姦通を理由にエウドキアと離婚し、一二〇七年頃にはヴェネツィア元首エンリコ・ダンドーロの孫娘アンナと再婚した。こうした親西欧路線の延長上に一二一七年のローマ教皇使節による彼の国王戴冠が位置づけられるのである。「初代戴冠王《プロヴォヴェンチャーニ》」という彼の異名はこのことに由来している。

他方、サヴァは、兄の戴冠に先立ってアトス山に舞い戻っていた。通説によれば、彼のこうした行動は、兄の親西欧路線への反発を示すものだとされている。他方、その二年後に彼がニカイアを訪れてセルビア教会の独立について協議しているのをみれば、そうした重大な交渉がセルビア本国の同意なしで進められていたとは到底、考えられない。もしも一連の外交任務が兄王の了解のうえでなされていたとすれば、サヴァとステファンの仲違い説を維持するのは困難になるだろう。[18] なかなか一筋縄ではいかない話であり、明快な答えを見出すことは難しいが、筆者としては、以下のようなストーリーを組み立てるとおおまかな辻褄は合うのではないかと考えている。ここでは、サヴァとステファンの兄弟は、互いに示し合わせて、各自に割り振られた役割を巧みにはたしていた、という点がポイントになる。彼らがめざしたのはセルビアが自立した国家として成長することであり、いずれかの勢力に従属することではなかった。彼らは、そうした目的を達成するために東西教会の境界に位置したセルビアの地政学的な立地条件を最大限に活用したのである。まず、ステファンの戴冠時にサヴァが出国していたのは、戴冠式に出席しないための方便であったと考えられる。ニカイア宮廷とセルビア教会の独立について交渉する際にはサヴァがローマ教会のシンパではないことを明確にしておくほうが有利なことは論を俟たない。一方、ステファンにとっても、教皇使節から王冠を受け取ったとしても、自国の教会がカトリックの聖職者に牛耳られて自分の国が教皇の属国の体をなすのは本意ではなかったから、サヴァのニカイア帝国との交渉を水面下で支援して、独立した教会組織が得られるように根回ししたものと思われる。他方、かりにニカイアからセルビア教会の独立が認められたとしても、王冠までニカイア皇帝から授けられれば、セルビアがニカイアの影響下に組み込まれるのは不可避になってしまう。その意味で、王冠と独立教会の権限の出所が別々であるのはセルビアにとってもっとも望ましい帰結であったといえるだろう。一二一九年、サヴァは総主教マヌエル一世から独立セルビア教会の初代大主教として叙階され、セルビアに帰国する。

図28　ヒランダル修道院（アトス山，ギリシア）

図29　ストゥデニツァ修道院主聖堂（セルビア）

今回の交渉では、ニカイア側にもメリットがないわけではなかった。もともとセルビア教会はオフリド大主教座の管轄下にあった。第四章ですでにみたように、当時のオフリド大主教デメトリオス・コマテノスはエペイロス国家のイデオローグとして、ニカイア皇帝と総主教の権威に挑戦的な態度を示していたから、彼の管轄下からセルビア教会を離脱させ、彼の鼻柱をへし折ることはニカイア側にとっても望むところだったのである。当然のことながらコマテノスは、この決定に異を唱えたが、決定自体を覆すことはできず、臍《ほぞ》を噛むしかなかった。[19]なお、テオドロス・ドゥーカスのテサロニケにおける皇帝戴冠によってニカイア側がしっぺ返しをくらうのはこのあとのことである。

以上、みてきたように、国家建設途上のセルビアは、西欧勢力とビザンツの中間に位置する自らの立地を巧みに利用し、両方の勢力とのあいだでバランスをとりつつ、自立した国家体制を構築することに取り組んでいた。この時期のセルビア建築はラシュカ様式と称されている。ロマネスク建築を思わせる三角の切り妻屋根にビザンツ特有の半球ドームをいただくストゥデニツァ修道院主聖堂の特徴的な外観は、西欧とビザンツのあいだで絶妙なバランスをとろうとする当時のセルビア人の心性を映し出しているかのようである[20]（図29）。

そうした視点でみると、この時期のセルビアが、死後すぐに列聖された聖シメオン（ステファン・ネマニァ）と聖サヴァを国家の霊的支柱にすえているのも得心がいくだろう（図30・図31）。彼らは、文字通り、新生セルビア国家の始祖として、彼らの後裔《こうえい》たるネマンジッチ朝の歴代国王の権威を正統化し、王権への求心性を高めるエンジンの機能をはたしていたのである。中世セルビアの聖堂内でひときわ

**図30　**（左から）**聖サヴァ・聖シメオン・聖母子の肖像**（ストゥデニツァ修道院・聖ヨアヒムとアンナ教会）

**図31　聖シメオンの石棺**（ストゥデニツァ修道院主聖堂）

図32　ネマンジッチ王家の系統樹（1346年頃。デチャニ修道院，コソヴォ）　下段左から聖サヴァ・聖シメオン・ステファン初代戴冠王の肖像。

目を引く王家の系統樹の図像は、そうした王権の思想を視覚的に表現したものとして理解することができるだろう(図32)。別の言い方をすれば、この段階では、第二ブルガリア王国のように、国家独立のシンボルとなる聖人を外部から導入する、というオプションは想定外だった、ともいえそうである。聖サヴァは、アトス山とセルビアのあいだを往来する際、テサロニケの聖デメトリオス聖堂に参詣し、聖者に敬意を表することもあったようだが、そうした崇敬の念は彼個人の域にとどまり、この時点では国家的レヴェルでそれを推進するような状況にはいたらなかったようである。[21]

## 2 ビザンツ文化圏への参入

一二六一年、ニカイア帝国は悲願であったコンスタンティノープル奪回をついに実現した。一方、セルビアは、ステファン・ウロシュ一世(ステファン初代戴冠王の末子。在位一二四三〜七六)のもとで着実に国力を高めつつあった。王は、ザクセン人鉱夫を招いて金・銀・銅・鉛・鉄などの鉱山開発を進め、生産された鉱物資源をドゥブロヴニク商人などを通じて輸出することで多大な富を獲得していた。彼はそのようにして得られた資金でドイツ人を中心とした強力な外国人傭兵部隊を編制する。国王直属の精強な軍隊を得たことにより、セルビア王は、貴族勢力に依存することなく軍事行動を推進することができるようになった。そのことは、王権と貴族とのあいだの力関係にも反映され、以後、王権は貴族に対する優位性をしだいに高めてゆくことになる。[22] ただし、当時のセルビア王の暮しぶりは、奢侈《しゃし》に慣れたビザンツ人の目にはまだまだ遅れたものに映っていたようである。一二六〇年代の後半、皇帝ミカエル八世パライオロゴス(在位一二五九〜八二)の娘とステファン・ウロシュ一世の次男(のちのステファン・ウロシュ二世ミルティン)との縁談がまとまりかけたことがあったが、皇女の輿入れのため、セルビア王のもとに赴いたビザンツ使節の一行は、王の住まいがビザンツの従者クラスのそれにも劣るほどで、王の家来たちもまるで狩人か盗賊を生業にしているかのような風体であるのに唖然とし、おまけに王が、粗末な衣装で羊毛を紡いでいる若い女を指さして「我らは、若い娘はこのように扱うのだ」と放言したのにも肝を冷やして、結局、輿入れは取りやめになった、というエピソードを歴史家ゲオルギオス・パキュメレスが伝えている。[23] ここに、ことさらにセルビア人を野蛮人として見下そうとするビザンツ宮廷人の偏見を認めることは容易であろう。ただし、ビザンツがセルビアを見下していられる時間は長くはなかった。

ステファン・ウロシュ一世を継いだ彼の長子ステファン・ドラグディンの短い治世(一二七六〜八二年)をはさんで、ステファン・ウロシュ二世ミルティン(在位一二八二〜一三二一)が即位すると、セルビア軍のビザンツ領への軍事的攻勢は一段と強化された。セルビア軍は両国の国境を形成する山岳地帯を越えてビザンツ領マケドニア北部に侵攻し、スコピエを中心とするヴァルダル川上流域一帯を占領下においた。今回のセルビア軍の南進は、二つの重要な帰結をもたらしたことをビザンツ・東欧史研究の大家ディミトリ・オボレンスキーが伝えている。

その一つ目は、セルビア人が、ドナウ川とエーゲ海の中間に東西に引かれた分水嶺をはじめて越え、マケドニア地方北部に足がかりを得たことである。このことにより、以後、セルビアの領土拡大政策は、ヴァルダル川沿いに南下する作戦が主軸になることが明確となった。それは、ビザンツ領を侵略して領土を拡大してゆく路線であった。ヴァルダル川をまっすぐにくだれば、最終的にはテサロニケに行き着く。同時にそれは、セルビアが「ビザンツ的なるもの」を急速に体内に取り込み、不可逆的にそれを自らの血肉と化してゆく過程でもあった。それまで東西間で揺れ動いていたセルビア人のアイデンティティの針は、このあとで大きく東に振れることになる。

オボレンスキーの指摘する二番目のポイントは、スコピエを獲得したことでセルビア人がはじめて「戦略的な立地、見事な防備施設、古代に遡る名声」を備え、首都の名に値する都市を得たことだった。ヴァルダル川流域を南北に走る交易ルート上の要衝を占め、ギリシア系住民が多数派を成すスコピエの町は、「統一バルカン帝国の首都となることが運命づけられているように思われた」とオボレンスキーは記している。[24]

セルビア軍の攻勢にさらされ、つぎつぎと領土を失っていったビザンツは、和平の締結を急いだ。皇帝アンドロニコス二世パライオロゴスは、一二九九年に側近のテオドロス・メトキテスをセルビア宮廷に派遣して和平交渉にあたらせている。[25]交渉の切り札としてビザンツ側が用意していたのは、ミルティン王へビザンツ皇女を降嫁させるという申し入れだった。実際のところ、ミルティンは、当時、ブルガリア王家出身の三番目の結婚相手と同居していたから、この申し出は、現在の妃と離縁してビザンツ皇女と結婚することで同盟相手をブルガリアからビザンツに乗り換えるよう王に迫るものでもあった。予想通り、交渉は難航したが、最終的には大筋で当初の方針通りのかたちで両国は合意するにいたる。ミルティンの結婚相手として皇帝は、当初、トレビゾンド皇帝ヨハネス二世(在位一二八二〜九七)の寡婦となってコンスタンティノープルに戻っていた妹のエウドキアを想定していたが、本人の拒絶でそれを断念し、愛娘のシモニスを差し出すことを決断せざるをえなかった。セルビア王の宮殿を訪問したメトキテスは、館が絹や黄金の調度品であふれ、王自身も宝石や真珠、黄金で全身を覆って光り輝くほどであったと語り、その豪奢な生活ぶりを強調している。[26] メトキテスは交渉をまとめなければならない立場にあったから、幼い皇女を野蛮な異国に嫁がせることに後ろ向きだった本国の関係者(とくに皇后エイレーネー)の不安感を軽減させるために、ことさらこうした一面を強調しているのだと考えることは可能であろう。ただ、多少の誇張はあるにせよ、一昔前にその粗野で貧相な暮しぶりをパキュメレスに揶揄《やゆ》された頃と比べるとセルビア王を取り巻く物的環境が著しく向上し、洗練さの度合いを増していたことは疑いのないように思われる。

一二九九年四月十九日、皇帝アンドロニコス二世夫妻の臨席のもと、セルビア王ステファン・ウロシュ二世ミルティンとビザンツ皇女シモニス(口絵3)の婚儀がテサロニケで盛大に執りおこなわれた。セルビア軍が占領していたビザンツの領土は、花嫁の嫁資として正式にセルビアに引き渡され、セルビア人はこれ以後、ビザンツの盟友として後者に軍事支援をおこなうことが誓われている。美術史家のヴォイスラフ・J・ジュリッチは、ここから「セルビア国家の全般的なビザンツ化が始まった」と語る。[27] その第一は、ビザンツの皇帝理念の受容であった。この時期以降、ミルティン王は「ギリシア皇帝アンドロニコスの婿」であることをことあるごとに喧伝するようになるが、それは、彼がビザン

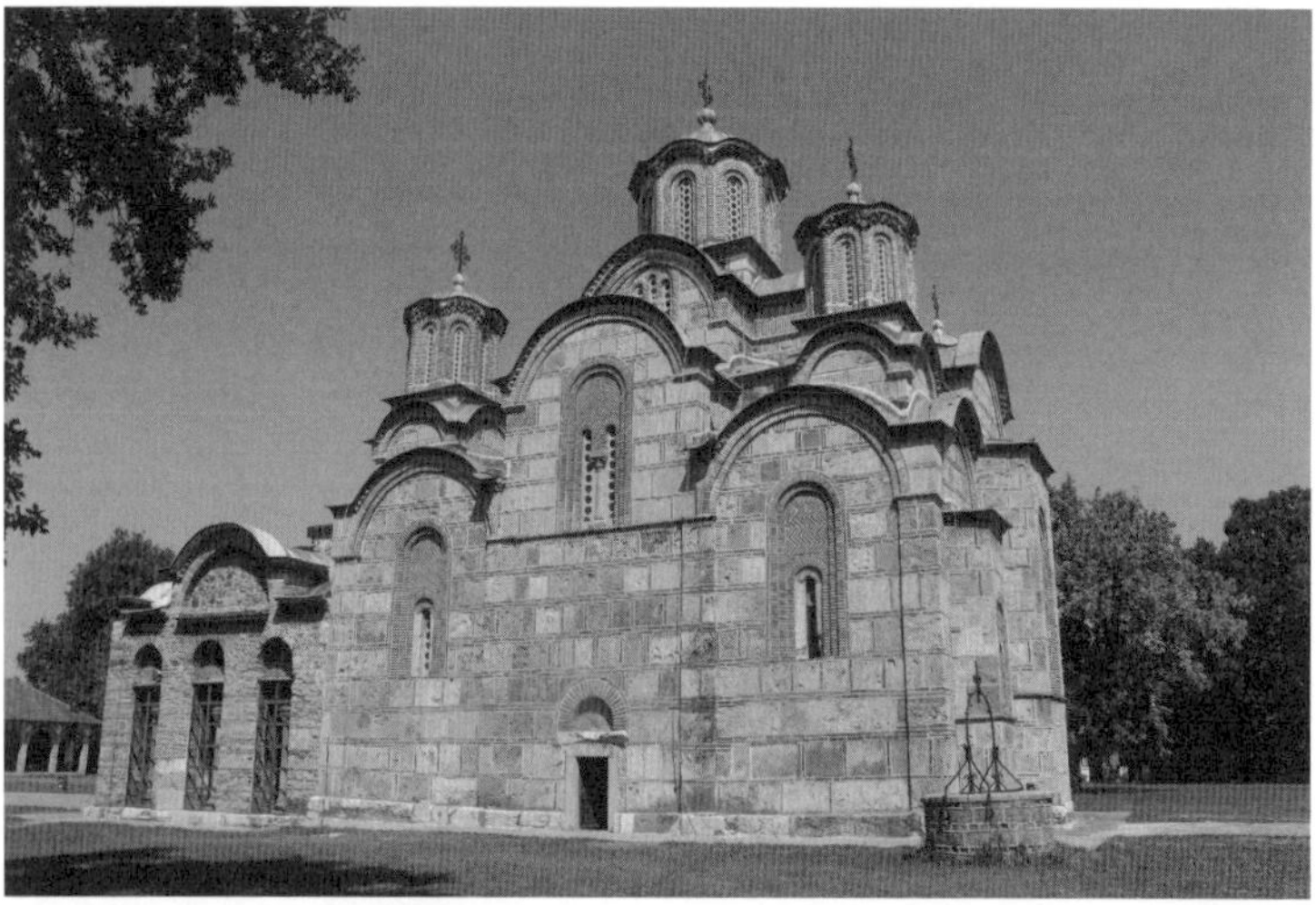
図33　グラチャニツァ修道院主聖堂（コソヴォ）

図34　グラチャニツァ修道院堂内壁画

**図35　ステファン・ウロシュ２世ミルティンの肖像**（グラチャニツァ修道院堂内壁画）

ツ皇帝を頂点として構成された国際秩序のなかに組み込まれたことを意味していた。同時に彼は、ビザンツ皇帝の流儀に従い、外見もすっかりそれに倣って、神から地上の支配権を委ねられた君主としての姿を演出するのに熱中するようになる。一三一八〜二一年に彼が建立したグラチャニツァ修道院（図33・図34）には、ビザンツ皇帝の正装に身を包んだミルティン王の肖像が残されている（図35）。彼は、カメラウキオンというヘルメット状の冠をいただき、サッコス（長衣）をまとって、真珠や宝石をちりばめたロロスという幅広の帯を身体に巻きつけ、腕には聖堂のモデルをかかえている。王の頭上には天使が舞い、王に冠を授けようとしている。まさしくそれは、彼の地上の支配権が神から授けられたものであることを視覚的に表現したものであった。

ミルティンは、おのれの敬虔さをアピールするかのように、前記のグラチャニツァ修道院だけでなく、ビザンツ領内や聖地などにおいて多くの教会や修道院を建立し、既存の施設にも財政支援を惜しまなかった。ビザンツの帝都コンスタンティノープルに彼が造営した聖ヨハネス・プロドロモス修道院には宮殿と病院が併設され、それらの維持費はミルティンがビザンツ領内に購入した不動産からの収入で賄われたと伝えられている。[28] また、テサロニケ市内には、彼が同地に滞在する際の宿所用の宮殿と二つの教会が建てられ、アトス山のヒランダル修道院に対しても、同修道院が聖堂を再建し、防備塔や囲壁を建設するのに多大な援助をおこなっている。[29] 彼がこのようにビザンツ国内で積極的に建設事業を推進した背後には、これらの事業を通じて彼の財力と権勢を見せつけ、セルビアに対するビザンツ人の認識を改めさせたい、という思いがあったのは間違いないところだろう。そして、それと同時に、王はビザンツ国内、とりわけテサロニケ周辺で多くの建築家や画工、職人集団を雇い入れてセルビア本国における建設事業に投入した。ビザンツからのそうした芸術家集団の流入に連動して、セルビア国内の教会や修道院の壁面に描かれる主題にも変化があらわれたことをジュリッチが指摘している。それまでセルビア国内では知られていなかったオフリドやテサロニケ、アトス山に由来する聖人たちの肖像がこの時期以降、ミルティン王やその後継者たちが建立した教会の壁面をかざることになった。具体的には、オフリドの守護聖人、聖クレメンス(クリメント。「スラヴ人の使徒」キュリロスとメトディオスの弟子)や十三世紀半ばのオフリド大主教コンスタンティノス・カバシラス、十二世紀後半のテサロニケ府主教エウスタティオス、アトス山ラウラ修道院の開祖アタナシオスといった面々があげられる。[30] そうしたなかで、ビザンツの軍事聖者を代表する聖デメトリオスも、聖ゲオルギオスなどとともに、尚武の気風を尊ぶセルビアの王侯貴族のなかで広く崇敬を集めるようになるのである。[31]

## 3 セルビアの聖デメトリオス

セルビア王ステファン・ウロシュ二世ミルティンとビザンツ皇女シモニスが一二九九年に結婚して以来、セルビアとテサロニケの町の関係は一変した。それまでのテサロニケは、対セルビア戦の最前線基地としての機能が重要であった。ところが一二九九年以降、ビザンツとセルビアが同盟関係で結ばれると、一転してテサロニケは両国の人々の活発な交流の場となったのである。そうした状況のなかで、この町を拠点としたビザンツの皇族が盟友であるセルビア王の支援をあてにして、コンスタンティノープルの中央政府に反抗するケースも繰り返しみられるようになる。一三〇三年、皇帝アンドロニコス二世と不仲になった皇妃エイレーネーが息子たちを引き連れてテサロニケに転居したのがその最初の例であった。彼女は憎い夫に一矢を報いるべく、しきりに娘婿のミルティン王を焚きつけてビザンツへ介入するよう働きかけ、エイレーネーの二人の息子テオドロスとデメトリオスは名誉ある賓客としてセルビア王の宮廷に逗留している。[32] 一三二六年にはテサロニケ長官のヨハネス・パライオロゴス（皇帝アンドロニコス二世の甥で宰相テオドロス・メトキテスの娘婿）が、やはりセルビア王の軍事力をあてにして中央政府に反逆する、という事件が発生している。このときのセルビア王はミルティンの息子で後継者のステファン・ウロシュ三世デチャンスキ（在位一三二一〜三一）（口絵4）であった。ヨハネスは自分の娘をデチャンスキに嫁がせており、娘婿が自分を支援してくれることを期待して反乱に打って出たのである。結局、彼の反乱は現地住民に支持が広がらず、失敗に終わる。ヨハネスはセルビアの娘婿の宮廷に逃亡し、そこでまもなく死去している。[33] ちなみに、これらとは逆にビザンツ宮廷に寄留したセルビア王族の事例としては、前記のデチャンスキが王位にのぼる前の一三一四年、父のミルティンへの反逆に失敗して身柄を拘束され、コンスタンティノープルに追放された例があった。彼は結局、七年間、ビザンツの帝都に暮している。[34]

この時期、歴代のセルビア王はつねに「ビザンツの友人」としてのポーズを保ったが、そのことで彼らがビザンツ領への武力行使を控えようと思うことは基本的にはほとんどなかったように思われる。

先にもみたように、セルビア王はビザンツ国内の内紛に乗じて当事者の一方への支持を口実にしてしばしばビザンツ領に攻め入り、そうした労働の対価として領土の割譲や軍資金名目の多額の貢納をせしめていたのである。結果としてセルビアの領土は拡大し、両国を隔てる境界線はしだいに南下してテサロニケに近づいていった。ただし、セルビア軍は直接、テサロニケの町に軍事的圧力をかける素振りは示していない。そのような必要はなかった、といったほうがおそらく正しいのだろう。その町を支配するビザンツ皇族は、往々にしてセルビア人に友好的で積極的にセルビア王にすり寄る態度を示していたから、王は無理に武力でテサロニケを征服しなくとも、テサロニケの行政のトップに位置したこうした貴人をなかば傀儡《かいらい》化させることで容易に自己の意思を反映させることができたのである。そうした意味で、テサロニケの町は、公的には決してセルビア人の支配下に飲み込まれることはなかったものの、しだいにセルビアの強い影響下におかれることとなった。

先にみたように、テサロニケの町にはセルビア王が建立した宮殿や教会が点在し、セルビア系のヒランダル修道院の分院もあったから、町のあちこちでセルビア人の姿を目撃することができただろう。また、セルビア王の恩顧を求める画工や建築家などの芸術家集団、販路拡大をはかる商人たち、アトス山とセルビアのあいだを行き来する修道僧など、多様な階層の人々が列をなして国境を越えて移動を繰り返している様子を想像するのも難しいことではあるまい。この時期、テサロニケは、セルビア人にとってもっとも親しまれた大都市になっていた。この町に住みついたセルビア系の人々のなかには、十四世紀のデブリュツェノス家のように、テサロニケの都市エリートに加わって活躍する姿も認められる。[35] マーク・バートゥシスによれば、中世後期にビザンツ人が遭遇した外国人のなかでもっとも容易に彼らと同化したのがセルビア人であった。セルビア人は、ラテン人やムスリムはもちろん、ブルガリア人と比べても、同化の妨げになるような政治的、文化的、歴史的な伝統が希薄であったため、ビザンツの政治的イデオロギー、行政形態、称号、衣服、芸術様式、そしてときとして言語ですら迅速に採り入れていった、というのである。[36]

このような視点からみると、テサロニケの聖デメトリオス信仰に対するセルビア人の接し方もおのずと理解できるだろう。彼らは、十二世紀末にアセン家の兄弟がしたように、聖人をテサロニケから奪って独り占めしようなどとは考えもしなかったことだろう。かりに聖人のセルビアへの遷御を主張したとしても、本家本元のテサロニケと論戦になれば勝ち目は薄いのはブルガリアの事例をみれば明白である。むしろ、聖人はテサロニケにいてこそ尊く、ありがたいものなのだ。フランツ・A・バウアーは、「聖デメトリオスへの崇敬と利用は、スラヴ・ロシア文化圏では解答不能のパラドクスによって特徴づけられている」と語り、その理由を以下のように説明している。「というのも、聖人の絶大な魅力の本質をなしているのは結局のところ、彼の母市テサロニケに対する確固不動の忠誠心だったからである。どんな都市、どんな国でもそうした聖人を自分と同一化しただろう。しかるに聖デメトリオスに対して故郷から離れるよう説得して、聖人を離反させた瞬間に彼はそうした資質を失ってしまうに違いない。そうした場合には、聖人は移り気で不実な存在であることが立証され、彼はすぐつぎの機会には再び自らの陣営を選ぶことができただろう。自らの都市の守護者という、こうした聖デメトリオスの本質的な資質を保持するためには、彼はつねにテサロニケにとどまらなければならなかった」のである。[37] その点でセルビア人の身の処し方は秀逸だった。彼らは、テサロニケに座す聖デメトリオスを「自分たちの聖者」として崇めたのである。聖デメトリオスを崇敬し、その加護を受ける人々とそれを享受できない人々（異邦人・蛮族）のあいだに境界線を引くとしたら、彼らは、自分たちは、当然、前者にはいると信じて疑わなかったのではないだろうか。

セルビア本国においても聖デメトリオスが「自分たちの聖者」として崇められたのは、テサロニケの住民がそうしていたことと異なることではなかった。セルビア人は、デメトリオスがテサロニケの町の守護聖人であることと、彼が「自分たちの聖者」であることに何の矛盾も感じていなかったように思われる。十四世紀前半、聖デメトリオスの伝記と伝説の諸場面を描いた壁画がセルビア国内の聖堂に出現する。その背景として描き込まれたテサロニケの町や特徴的な建物は、アンカ・ストヤコヴィッチの研究によれば、それらに先行してテサロニケの聖デメトリオス聖堂に存在していた壁画を手本に描かれたと想定されている。[38] セルビア人は、そうした景観を「自分たちのもの」として受容していたのである。以下では代表的な二つの作例を紹介しよう。

図36に提示したのは、ペーチ総主教座修道院の外観である（口絵6）。セルビア総主教座に直属する同修道院の主聖堂は、十三世紀に建立された中央部の聖使徒聖堂に、十四世紀建立の聖デメトリオス聖堂とホディギトリアの聖母聖堂が接続する特徴的な外観を呈している。[39] 一三二一〜二四年頃、大主教ニコディムによって建立された聖デメトリオス聖堂の内部には、聖人の生涯と死後の奇蹟を描く図像

図36　ペーチ総主教座修道院（コソヴォ）

図37　聖デメトリオス聖堂壁画（ペーチ総主教座修道院）

サイクルが残されている。図37は、聖堂南壁面に描かれた、アヴァール・スラヴ連合軍によるテサロニケ攻囲(六世紀後半)を主題とする図像である。やや見にくいが、向かって左には、手前に寝台に横たわる姿で聖デメトリオスの聖遺物が描かれ、参集した聖職者たちが中央の府主教エウセビオスを中心に祈りを捧げている。ついで右の場面では、祈りに答えた聖人が町の城壁上にあらわれて、梯子を使って壁をのぼろうとする敵を、槍を振るって撃退する様が描かれている。[40]この壁画を仰ぎ見る敬虔なセルビア人たちが、町を守る聖人と撃退される野蛮なスラヴ人、どちらの側に感情移入していたかは聞くだけ野暮というものであろう。

一三二七年にセルビア王ステファン・ウロシュ三世デチャンスキによって建設が始められ、息子の同四世ドゥシャン(在位一三三一〜五五)のもとで完成したデチャニ修道院(図38)には、主聖堂の北側に聖デメトリオスに捧げられた付属礼拝堂が設けられている。[41]礼拝堂の壁面には、例によって聖人の奇蹟にまつわる一二の場面が描き出されているのだが、そのなかの一場面は、これまで我々が取り組んできた課題に照らして、極めて重要なものである。そこに描かれている、馬上のデメトリオスがブルガリア王カロヤンを誅殺する場面は、今日、知られている限りにおいて、図像学資料としては最古の作例なのである(図39・口絵5)。

この図像が、十三世紀後半に成立したヨハネス・スタウラキオスの「偉大なるデメトリオスの奇蹟に献げる弁論《ロゴス》」の記述を単純に図像化したものではないことは、例えば、斃されるカロヤン王が騎兵姿で描かれているところからも一目瞭然であろう。第三章でみたように、スタウラキオスが語るとこ

図38　デチャニ修道院（コソヴォ）

図39　ブルガリア王カロヤンを誅殺する馬上の聖デメトリオス（デチャニ修道院・聖デメトリオス礼拝堂）

ろによれば、カロヤン王が聖人の襲撃を受けたのは野営地のテントで就寝中のことということになっていた。もしかすると壁画の根拠となるような別ヴァージョンの伝説が流布していたのかもしれないが、今となっては確認のしようもない。それゆえ、デチャニの画家がこの図像のモティーフの着想をどこでどのようにして獲得したのか、という問いに答えるのは至難の業というしかない。ただ、少なくとも、それが彼の百パーセント空想の産物だったと言い切るのも困難だろう。これらの聖堂壁画の背景に描かれたテサロニケの町や特徴的な建物は、テサロニケの聖デメトリオス聖堂の壁画を手本に描かれた可能性が高いことをA・ストヤコヴィッチが指摘しているのは先述のとおりである。もしもそのようなことがいえるのであれば、図像の主題自体にも同様なことが生じていた可能性もあったと考えるのは不自然なことではあるまい。

このようなほかに類例のない図像がデチャニで登場している理由についても考察してみたい。デチャニに聖デメトリオスに捧げられた礼拝堂が設けられ、聖人の図像サイクルが描かれ、なかんずくカロヤン王を斃す聖人の図像がそれに加えられたことに関しては、それを当時の政治・軍事的情勢と関連づけて説明する説がすでに提示されている。一三二一年から二八年にかけてビザンツ皇帝アンドロニコス二世と、孫で同名のアンドロニコス(のちのアンドロニコス三世)とのあいだで断続的に続いた内戦は、セルビア王デチャンスキが老皇帝に肩入れし、一方、若いアンドロニコスには、彼の姉妹と結婚したブルガリア王ミハイル・シシュマン(在位一三二三〜三〇)が味方したため、さながらバルカン全土を巻き込んだ国際紛争の様相を呈するようになった。一三二八年、内戦がアンドロニコス三世側の勝利で終結したとき、セルビア王のおかれた立場は非常に苦しいものになっていた。ビザンツとブルガリアはあらためて同盟を結び、一三三〇年にセルビアを共同して攻めることに合意したのである。セルビア王にとって救いとなったのは、敵の共同作戦がうまく機能せず、ビザンツ軍の到着が遅れたことであった。一三三〇年七月二十八日、ヴェルビュズドにおいて、デチャンスキ王とその息子ドゥシャンに率いられたセルビア軍は、ブルガリア軍の不意をついて急襲をしかけ、歴史的な勝利をおさめた。この戦いでブルガリア王のミハイル・シシュマンは重傷を負い、まもなくそれが原因で世を去っている。[42] ビザンツ史研究の大家ゲオルグ・オストロゴルスキーも、「ヴェルビュズドの戦いは、バルカン諸国の運命を変える一大転機といえた。この会戦は、マケドニア地方の領有をめぐる争いに決着をつけ、同時に、セルビアの優位を築く契機ともなった。このセルビア優位こそ、以後数十年におよぶ南東ヨーロッパにおける歴史的展開を特徴づけるものとなるのである」と評している。[43] デチャニ修道院に壁画が描かれたのはドゥシャン王の治下、一三五〇年までの時期と考えられている。何人かのセルビアの美術史家が指摘するところによれば、ブルガリア王を誅殺する勇敢な聖デメトリオスの姿がそこに描かれたのは、ヴェルビュズドにおけるブルガリア軍に対するセルビア王の勝利を記念し、その栄光の記憶を永遠にとどめるためであった。[44] カロヤン王が騎兵の姿で描かれ、あたかも野戦の場で斃されたかのようにみえるのも、もしかすればこの会戦を強く想起させるための脚色ではないか、などと考えるのは、いささか憶測がすぎるであろうか。

周知のごとく、ステファン・ウロシュ四世ドゥシャンのもとでセルビアはバルカン半島の西半分を支配下におき、最大版図に達する。一三四六年には、彼はスコピエで「セルビア人とギリシア人の皇帝」として戴冠式をあげている。彼は、祖父ミルティンによって追放された父デチャンスキに従って一三二一年から七年間、家族とともにコンスタンティノープルに暮した経験を有し、華麗で洗練されたビザンツ宮廷の発する魅力に魅了され、「神により地上の支配権を委ねられた支配者」というビザンツの皇帝理念に強く感化されていたように思われる。[45] 歴史家ニケフォロス・グレゴラスは、ドゥシャンは自ら「ローマ人の皇帝」と宣言したあと、「野蛮な生活様式からローマ人の習俗に改めた」と報じている。[46] 彼は、正真正銘の「ローマ人の皇帝」になりたかったのであろう。

次頁に掲げたのは、この時代のドゥシャンの版図を示す地図である(図40)。よくみると、テサロニケの郊外にまで彼の支配圏は迫っていたが、テサロニケの町自体にはそれはおよんでいなかったことがわかる。アドリア海沿岸部のドゥラッツォ(デュラキオン)やブトリントの町も同様であるのをみれば、義的には、自前の強力な海軍力をもたないドゥシャン王には、強固な防備が施された海港都市を攻略する術がなかった、と解釈することも可能であろう。実際のところ、彼がテサロニケを攻囲する素振りを示したことも皆無ではなかった。けれども、武力でテサロニケを攻撃するのは大きなリスクをともなうことも彼は認識していたはずである。そうした行為に踏み切れば、ドゥシャン自身がかつてのカロヤンのように、テサロニケを攻める「野蛮な敵」の側に身をおくことを意味したであろう。テサロニケの町が彼に敵対的な態度をとらず、実質的に彼の威令に服する態度をとる限りにおいて、無理にそれを征服することは彼にとっては時間と労力の無駄でしかなかったのではなかろうか。この

ハンガリー
サヴァ川
ベオグラード
ボスナ川
モラヴァ川
ボスニア
ルドニク
ドナウ川
ストゥデニツァ
ナリド川
ネレトヴァ川
ニシュ
ブルガリア
セルビア
ペーチ
デチャニ
プリシュティナ
グラチャニツァ
ドゥブロヴニク
コトル
ヴェルビュズド
ストリュモン川
リラ
マリツァ川
ビザンツ帝国
スクタリ
プリズレン
スコピエ
スラヴィシュテ
ラドヴィシュテ
ネストス川
アドリア海
アレッシオ
キチェヴォ
メルニク
クロイア
プリレプ
ストルミツァ
ヴァルダル川
ペリテオリオン
デュラキオン
オフリド
プロセク
セレス
ドラマ
フィリピ
クリュソポリス
クリストゥポリス
タソス
フロリナ
エデッサ
イタリア
ヴァロナ
ベロイア
カストリア
テサロニケ
カルキディケ
ヒランダル
アトス山
ヴォイリュッサ川
エペイロス
カニナ
セルヴィア
ブトリント
リュコストミオン
ヨアニナ
トリカラ
エーゲ海
コルフ
アルタ
プテレオン
イオニア海
ヴォニツァ
レウカス
エウボイア島
アテネ公国
ケファロニア
アテネ
モレア
コリントス
ザキントス
0
100km
セルビアの版図
図40　ドゥシャン時代のセルビア

時期、テサロニケの町は、ドゥシャンの庇護のもと、彼の帝国の「精神的な首都」として眩い光を放っていたのである。

# 終章　オスマン支配下の「和解」

## 序　「大洪水」の果てに

セルビアの覇権は長くは続かなかった。一三五五年、ドゥシャンが没すると彼の「帝国」はみるまに瓦解していった。このときに生じた権力の空白に乗じ、バルカン半島に急速に勢力を伸張させたのがオスマン朝である。その後の一〇〇年でバルカン半島の地図は塗り替えられることになる。[1]

オスマン朝の軍勢は一三四八年にはじめてバルカンの土を踏んでいる。第二代スルタンのオルハン（在位一三二六〜六二）はその二年前にビザンツ皇帝ヨハネス六世カンタクゼノス（在位一三四七〜五四）の娘テオドラと結婚しており、彼が配下の兵をバルカンに送ったのは、カンタクゼノス帝がもう一人の娘婿、パライオロゴス朝の正嫡ヨハネス五世（在位一三四一〜九一）との内戦に突入し、介入の要請を受けてのことであった。トルコ兵はカンタクゼノスの統制を外れて、トラキアやマケドニア地方の農村地帯を荒らしまわり、人々を恐怖に陥れている。一三五四年にはマルマラ海沿岸のガリポリがオスマン軍に帰し、これ以後、彼らは、この海港都市を利用して自由に海峡を往来するようになった。

第三代スルタンのムラト一世（在位一三六二～八九）のもとで、バルカン地域の征服事業はさらに加速する。一三六九年、アドリアノープルが陥落。一三七七年頃にはこの町にスルタンの宮廷が移り、バルカン国家としてのオスマン朝の基盤が固められた。ソフィアの町が陥落するのが一三八三年である。テサロニケもオスマン軍の圧倒的な圧力に抗しきれず、一三八七年に開城を余儀なくされている。オスマン帝国の膨張に歯止めをかけようとしたセルビアも、一三八九年六月十五日のコソヴォの戦いで甚大な打撃を受けたあとは組織的な抵抗を続ける余力を失った。一三九三年七月十七日、三カ月におよぶ攻囲戦のすえに第二ブルガリア王国の首都タルノヴォが陥落し、その後、二年ほどのあいだにブルガリアのほぼ全土がオスマン朝に併合された。

一四〇二年、小アジア中部アンゴラ（アンカラ）において、東方から押し寄せたティムールの軍勢にオスマン朝第四代スルタンのバヤジット一世（在位一三八九～一四〇二）が完敗を喫したことでオスマン帝国は一時、解体の危機に瀕したが、すぐに勢力を盛り返して拡張政策を再開させている。一四三〇年には、オスマン朝の混乱に乗じてビザンツ支配下に復帰していたテサロニケの町があらためてオスマン支配下に組み込まれた。バルカンのキリスト教諸国が総崩れになったのち、対オスマン戦で主導的な役割を担ったハンガリーも、一四四四年のヴァルナの戦いにおいて国王が戦死するなど深刻な敗北を喫し、トルコ軍の進撃をとめることはできなかった。そうした趨勢《すうせい》の先に一四五三年のコンスタンティノープル陥落が位置づけられるのである。ドナウ川以南のバルカン半島全域はほどなくオスマン帝国に併呑されることになる。

## 1 聖デメトリオス信仰の存続

中世後期、中小の国家が分立し、互いに抗争を繰り返したバルカン地域の状況は、オスマン帝国の征服が完成したことで大きく変容した。オスマン権力によって各国の独立した教会組織が廃され、バルカン地域の正教会がコンスタンティノープル総主教の一元的な統率のもとにおかれる体制が敷かれたことも、各民族の差異感覚を低下させ、正教徒としての一体感を増大させる傾向を促進させたように思われる。そして、そうした人々の心性の変化は、この時期の聖デメトリオス信仰のあり方を考察する際にも読み取ることができるのである。

図41に示したのは、ブルガリアのソフィア近郊にあるドラガレヴツィ修道院主聖堂である。みてのとおり、民家とほとんど見分けがつかぬほどの小さな建物だが、ここで注目したいのは、写真の正面、アーケードの内側の教会堂西側壁面に、騎乗した三人の軍事聖者の図像が残されていることである(図42)。壁画が製作されたのは、コンスタンティノープルの陥落からおよそ二〇年後の一四七六年頃とされている。

左の図42をご覧いただきたい。ここでは三人の騎馬聖者が三角形をなすかたちの構図になっている。三角形の頂点に位置するのは、龍を斃す聖ゲオルギオスであり、右下に背教者ユリアヌス(在位三六一〜三六三)を打倒する聖メルクリオス、左下にカロヤンを斃す聖デメトリオスの図像が配置されている。先にみたようにデチャニ修道院の壁画では、聖人は右向きに騎乗して正面からカロヤンに攻撃

図41　ドラガレヴツィ修道院主聖堂(ソフィア郊外，ブルガリア)

図42　ドラガレヴツィ修道院西ファサード素描

を加えるポーズをとっていたのに対して、ここでは馬を左方向に疾駆させ、振り向きざまに地面に倒れ込んだカロヤンに槍を突き立てる構図が採られていたから、ドラガレヴッィの画家がデチャニのそれを単純に模倣したわけではないことは明らかである(図43・口絵7)。よくみると地面に倒れたカロヤンが身につけた甲冑《かっちゅう》やポーズも随分異なっているし、スペースの都合もあるかもしれないが、ドラガレヴッィではカロヤンの乗馬の姿もない。ドラガレヴッィにおいては、デチャニの聖デメトリオスと同じようなポーズで聖ゲオルギオスが描かれているため、聖デメトリオスはポーズの重複を避けるために別の構図が選択されているのだ、という説明が一応は成り立つだろうが、ドラガレヴッィの画家がなんらかの先行例に基づいてこうしたポーズの聖デメトリオス像を描いたのか否かという問題に関しては、現時点では解答不能といわざるをえない。また、聖ゲオルギオス・聖デメトリオス・聖メルクリオスの三人の騎兵姿の軍事聖者がセットで登場することに関しても、いかなる論拠に基づき、どこに発祥の地があるかなど、まったく不明である。

それはともかく、ドラガレヴッィの聖デメトリオス騎馬像に関して、見逃すことのできないポイントがもう一点、残されている。じつは、地面に倒れたカロヤンの像の左上に小さな銘文が付されていて、そこにはスラヴ語で「ツァーリ、スカロヤン」と記されているのである。「スカロヤン」という表記は単純な綴りミスではない。それは、ギリシア語の「スキュロヨハンネス」(「犬畜生のヨハンネス」の意)のスラヴ語形なのである。「カロヤン」は「善良なるヨハンネス」という意味になるから、「スカロヤン」という表記は彼の名前を痛烈に皮肉った侮蔑的なネーミングということになる。現在のブルガリアの首都であるソフィア近郊の教会施設において、十五世紀の画家が過去のブルガリア王にわざわざ侮蔑的な名称をつけて呼んでいるのは、現代人である我々の感覚では容易に理解しがたい現象のように思われるかもしれない。この点に関してビザンツ美術史の大家アンドレ・グラバールは、このような事態が出来したのは、ドラガレヴツィのブルガリア人画家がビザンツのモデルに忠実に従った結果であり、彼はナショナルな問題に関心が乏しく、聖人に斃されているのが自国のもっとも栄えあるツァーリの一人だという認識もなく、その蔑称を転記したのであろうと推測している。「ブルガリア人芸術家たちのもとで、このように民族的過去が奇妙なほど忘れ去られているのは、トルコの支配体制によってのみ説明されるに違いない」というのがグラバールの結論であった。[2]

筆者の知る限りでは、教会の壁面に騎乗の軍事聖者がセットで描かれている事例がもう一つある。それは、北マケドニア共和国の首都スコピエ近郊クチュヴィシュテの聖救世主教会の壁画である（図44）。ここでは、スペースの都合もあってか、右向きで聖メルクリオスと聖デメトリオスの二人の聖者が並んで描かれ、聖ゲオルギオスは不在である。この教会の創建は十四世紀に遡る[3]というが、壁画自体はポスト・ビザンツ期に帰されるもののようにみえる。左隣に描かれた聖メルクリオスの騎乗する白馬が前脚をそろえ、勢いよく跳躍するようなポーズをとっているのに対して、デメトリオスのほうは、伝統的な騎馬彫刻にみられるような片方の前脚をあげた優美なポーズをとっている。その意味で、この構図は、デチャニとドラガレヴツィ、いずれのパターンにも属さない第三のそれといえそうである。他方、図ではやや見にくいが、地面に倒れたカロヤンの装束やポーズはドラガレヴツィとの

図43　ブルガリア王カロヤンを誅殺する馬上の聖デメトリオス（ドラガレヴツィ修道院西ファサード）

図44　背教者ユリアヌスを誅殺する聖メルクリオス（左）とブルガリア王カロヤンを誅殺する聖デメトリオス（聖救世主教会，クチュヴィシュテ，北マケドニア）

相似性が高いようにみえる。スコピエとその周辺地域は、前章でも述べたように、ヴァルダル川をくだればテサロニケに達する位置にあり、セルビアの支配がおよぶのも比較的早かったため、これら双方からの影響を受けやすく、ブルガリア王を誅殺する構図にも抵抗感は希薄だったことは想像できる。これらの図像を詳細に論じた文献は見出すことができなかったため、これ以上の考察を進めることができないのは遺憾である。今後の課題としたい。

## 2 聖デメトリオス騎馬像の普及と変容

アンドレ・グラバールがいうように、カロヤンを誅殺する聖デメトリオスの騎馬像が、当のブルガリアをはじめとするスラヴ正教圏に浸透していった背景には、オスマン帝国の征服により、バルカン諸国家を隔てる国境線が消滅し、互いに相手を「他者」とみなして敵視するよりも、同じ正教徒として一体感を感じる傾向が強まったことと無縁ではないだろう。また、十三世紀後半に成立したヨハネス・スタウラキオスの「偉大なるデメトリオスの奇蹟に献げる弁論《ロゴス》」のような聖デメトリオスによるカロヤン誅殺を伝える作品がスラヴ語に翻訳されたことも、こうした主題がスラヴ世界で親しまれる状況を生み出したことは間違いあるまい。ヴァシリカ・タプコヴァ゠ツァイモヴァやイヴァン・ドゥイチェフらのブルガリアの研究者たちの所説に従って、ヨハネス・スタウラキオスの作品がスラヴ語に訳され、バルカン地域に拡散してゆくプロセスをまとめると以下のようになる。[4]

ヨハネス・スタウラキオスの著作が最初にスラヴ語に翻訳されたのはモルダヴィア（現在のルーマニ

ア北東部）のネアムツ修道院周辺であったと考えられる。訳者の名前は伝えられていないが、原著においてカロヤンが死亡してテサロニケ市民が歓喜する場面が大幅に省略されているところをみると、翻訳者は自らのスラヴ系、ないしブルガリア系の出自を意識していたのだろう、とドゥイチェフは見立てている。[5] モルダヴィアは、第二ブルガリア王国の滅亡後、ブルガリアの教会関係者や知識人の避難先になっていたので、この逸名の翻訳者もそうした亡命知識人の一人であったと想像して大過ないのではなかろうか。

一四七九年頃、コソヴォ生まれの修道士で著作家の「文法家」ヴラディスラフによって、ブルガリアのリラ修道院で編纂された文集のなかにスタウラキオスのスラヴ語訳が収録された。これが、現存する最古のスラヴ語訳だが、ヴラディスラフがしたのは既製の作品を文集におさめたことだけであることをドゥイチェフは強調している。[6] 聖人によってブルガリア王が誅殺されるといった、スラヴ人にとっていささか不名誉な場面を含む著作の翻訳版が、ブルガリアで最高の格式を誇る修道院の編纂物に収録された理由として、ヴァシリカ・タプコヴァ＝ツァイモヴァは、「民族」よりも「信仰」の理念が優先された結果であると説明している。換言すれば、ここでも、先に我々が目にしたように、ブルガリア人やギリシア人といった民族性の相違よりも、同じ正教徒としての一体性が重視される傾向が見出されるのである。

時をへるにつれ、横死したブルガリア王カロヤンの記憶が遠ざかるのと連動して、聖デメトリオスに斃される敵役の素性もしだいに曖昧《あいまい》になっていく。それは、そのときどきの事情に応じて聖人を迫

図45　聖デメトリオスのイコン（17世紀，ブルガリア国立美術館蔵，ソフィア）

図46　ブルガリア王カロヤンを誅殺する馬上の聖デメトリオスの挿絵が掲載された古写本の写真

害したローマ皇帝マクシミアヌスや、あるいは「西欧人」や「トルコ人」、さらに「アンチキリスト」と解釈されるようになった。[7] そうした「記憶の書き換え」がどこまで意図してなされたのか答えるのは困難だが、結果として、カロヤンの名を明記した場合よりもスラヴ人(とくに知的エリート層)の反感を買う度合いが低下したことは疑いない。図45に示したのは、十七世紀に、かつての第二ブルガリア王国の首都タルノヴォで制作された聖デメトリオスのイコンである。聖人に成敗されている人物には説明書きは付されていない。おそらく、イコンの制作者は、殺されているのが自分たちの父祖の時代の王だったとは想像もしていなかったことだろう。[8]「敵」が自分たちの共同体の外部にいるのが自明であれば、スラヴ系の人々も安心してこうした図像を受け入れることができたのである。

聖デメトリオス信仰と彼の図像をめぐって進められてきた我々の知的遍歴の旅も、ようやくゴールに近づいてきたようだ。最後に、本書の冒頭で提起した図像の謎が、意外なかたちで解決した顚末を報告して結びに代えさせていただきたい。

序章でも述べたように、筆者が大学院生時代に出会った研究書の挿入図版には、「リラ修道院のフレスコ画に基づくデッサン」という説明書きが付されていた。文献を調べてみると、修道院の建物は一八三三年の火災で大半が焼失し、現在みられるそれらはそのあとに再建されたものであること、修道院の敷地内に現存する建造物で中世に遡るフレスコ画が残るのは主聖堂に隣接するフレリョの塔の内部空間だけであることがわかった。けれども、いろいろ文献を調べてみても、フレリョの塔の内部に、図版でみたような聖デメトリオスの騎馬像の壁画があるという記述はどこにもみつけることはで

の最上階、りいはにかなのの塔のョリレフに際実、し問訪を地現に夏の年六一〇二、たま。たっかなき[9]

礼拝堂の壁画を見聞した際にも（入り口にはめ込まれたガラス・パネル越しに観察するのみで内部を十分に検分できなかったとはいえ）、それらしい図像を発見することはかなわなかった。

結局、この問題解決の糸口は、意外なところからみつかった。そのときの旅において修道院の売店で購入した図録のなかに例のデッサンと瓜二つの挿絵が付された写本の写真があったのである[10]（図46）。ここから、デッサンの説明書きに付された「フレスコ画」という記述はどうやら誤りであり、写本の挿絵を転写したというのが正しい説明であることが判明した。さらにこのあと、前記のヴァシリカ・タプコヴァ＝ツァイモヴァの論文から、この挿絵の詳しい情報を得ることができた。それによれば、その図版は、リラ修道院所蔵の十七世紀後半に作成された写本に掲載されているということである[11]。かくして、長く心の片隅に沈殿していた疑問の一つを解消することができた、という次第である。

# あとがき

本書執筆のきっかけとなった奇妙な聖人像の素描と出会ったのは、私が大学院で学んでいた頃のことだから、もう随分昔のことになる。だが、いま思い返してみると、騎乗する軍装の聖人が地面に倒れた人間を槍で攻撃する図像に出会ったのは、はじめて旅したギリシアの地であったのかもしれない。ギリシアの観光地の土産物屋には多くのイコンが売られており、私も旅の記念に一枚、購入しようとその種の店にはいるたびにあれこれ物色していた。怪獣ものの特撮ドラマで育った世代の一人としてやはり気になるのは、龍退治の英雄、聖ゲオルギオスの図像である。けれども、ギリシアのイコンでは、聖人の強敵であるはずの龍が騎乗の聖人よりずっと小さく、せいぜい大きめの犬くらいのサイズで描かれているのにはなかなかなじめなかった。そうした描き方は、対象の重要性を大小で表現する中世の画法の定式に基づいているのは頭で理解していても、どうしても弱いものいじめをしているようにみえてしまうのである。多くのイコンを矯《た》めつ眇《すが》めつしているうちに、聖人が倒す相手は龍だけではなく、人間のパターンもあることに気がついた。ギリシアはオスマン帝国に長年、支配され、独立後も隣国トルコとの関係はしばしば軍事的緊張をはらんでいたから、これはきっとトルコ人だろうと独り合点し、旅のあいだに親切にしてもらったトルコの人々の顔が浮かび、複雑な心境になったことが思い出される。そうした不正確な思い込みは久しく放置されたままであったが、今回、その図像の来歴を振り返り、おのれの蒙昧を啓《ひら》く機会を得たことになる。

本書が成立する直接の契機は、二〇一五年四月に日本学術振興会の科学研究費に本書の骨子となる研究課題「中近世正教世界における軍事聖者崇敬の実相」（基盤研究C・課題番号15K02935）が採択されたことにある。これまで主として十～十二世紀のビザンツ帝国史を研究対象としてきた筆者にとって、十三世紀以降のバルカン諸国の歴史に分け入り、関連の文献を読み進める作業は新鮮であり、知的な刺激に満ちたものであった。文献の渉猟には努力したつもりだが、遺憾なことにバルカン諸国の研究者が母語で公刊した研究には十分に目配りすることができなかった。バルカン地域の中世国家の専門家にはこの点は不満が残るところであろう。それでも、これを機にわが国における中世バルカン史研究に多少なりとも関心が喚起され、今後、新進の研究者たちによってさらに精緻で深く掘り下げられた研究が生み出されるのであれば、本書の公刊も無益ではなかったといえるだろう。

本書の本文中に挿入された写真の多くは、科研費で実施した調査旅行の際に撮影したものである。セルビア、コソヴォの教会や修道院の撮影許可を取得する際には金沢大学の同僚である菅原裕文准教授から指南を受けた。セルビア総主教座との仲介の労をとっていただいた在日セルビア大使館一等参事官のJelena Nikolić氏、ベオグラードの総主教官房で温かく対応してくださったNikola Mutavdzic氏とあわせてこの場を借りて御礼を申し上げたい。本書の概略は、二〇一七年三月二八・二九日の両日、大阪市立大学において開催された日本ビザンツ学会第十五回大会において「聖デメトリオス信仰と中世後期のバルカン情勢」という題目で口頭報告する機会を得た。当日の大会運営スタッフの方々、拙い報告におつきあいいただいた学会参加者に対しても、あわせて感謝の意を表したい。同様の謝意は、二〇一七年前期に金沢大学人文学類で開講された「地中海世界国際関係史特殊講義」を受講した学生諸君にも表明する必要があるだろう。実をいうと、本書の主要部分は、この講義のために作成されたノートが下敷きになっている。とりわけ、都市タルノヴォの神聖化や中世ブルガリア民衆の心性史をめぐる議論は、講義準備のために読んだ文献からの知見に負うところが大きい。他大学の例として聞くところによれば、近年、ある教員が自分の専門分野の話を講義でしたところ、学生から「公私混同するな」という抗議を受けたという。私は学生のころ、多くの先達が自己の研究を生き生きと語る講義に感銘を受け、それが学問を志す大きなきっかけになっていただけに、その話はいささかショックだった。講義を辛抱強く受講してくれた学生諸君が、ビザンツ史や中世バルカン史にさして関心はなかったにせよ、歴史学研究に真摯に取り組むことで得られる知的興奮の一部を体感し、それを有意義なものと感じてもらえていることを願うばかりである。

最後になったが、本書のように一般にはなじみの薄い分野の専門書公刊を快諾し、丁寧な仕事で一冊の本に仕上げてくれた山川出版社編集部の方々に心よりの御礼の言葉を申し上げたい。この方々の力添えがなければ、本書がこのような形で日の目を見ることはなかったのだから。

二〇一九年十二月

根津　由喜夫

# 索　引

●サ

## ●タ

●ナ



●ハ

●マ



●ヤ



●ラ

# 年　表

| 年代 | 事　項 |
| --- | --- |
| 286〜305 | テサロニケのデメトリオス，ローマ皇帝マクシミアヌスに弾圧され殉教？ |
| 5 世紀 | イリュリクム総督レオンティウス，テサロニケに聖デメトリオス聖堂を建立？ |
| 586 | アヴァール・スラブ連合軍，テサロニケを攻囲（9 月） |
| 620年代 | テサロニケ府主教ヨハネス，『聖デメトリオスの奇蹟』第 1 部を著わす |
| 875 | アナスタシウス・ビブリオテカリウス，「第一の受難伝」をギリシア語原本からラテン語に訳出 |
| 904 | レオン・トリポリテスのアラブ艦隊，テサロニケを攻撃し陥落させる（7 月） |
| 1041 | ペトルス・デリャンのブルガリア反乱軍，テサロニケを攻囲 |
| 1180 | セルビアのステファン・ネマニァ，ビザンツ帝国に抵抗を開始 |
| 1185 | ノルマン・シチリア王国軍，テサロニケを攻囲し陥落させる（8 月）<br>ブルガリアのペータル・アセン兄弟，ビザンツに対して挙兵（秋） |
| 1188 | ビザンツ，ペータル・アセン兄弟と和平 |
| 1190年代 | ビザンツ，ステファン・ネマニァと和平 |
| 1204 | 第 4 回十字軍，コンスタンティノープル占領 |
| この頃 | ラテン帝国，テサロニケ王国，ニカイア帝国，エペイロス国家など成立 |
| 1205 | ブルガリア王カロヤン，アドリアノープル城外においてラテン帝国軍に大勝 |
| 1207 | ブルガリア王カロヤン，テサロニケを攻囲中に変死 |
| 1216 | エペイロスのテオドロス，オフリドを攻略 |
| 1218 | ブルガリア王にイヴァン・アセン 2 世が即位 |
| 1224 | エペイロスのテオドロス，テサロニケを攻略 |
| 1227 | エペイロスのテオドロス，テサロニケにおいて「ローマ人の皇帝」に戴冠 |
| 1230 | エペイロスのテオドロス，クロコトニツァの会戦においてブルガリアのイヴァン・アセン 2 世に大敗，捕虜となる |
| 1235 | イヴァン・アセン 2 世，ニカイア帝国と盟約<br>タルノヴォ主教が総主教に格上げされる |
| 1246 | ニカイア帝国，エペイロス国家に替わってテサロニケを支配 |
| 1261 | ニカイア帝国，コンスタンティノープルを奪還 |

| 年代 | 事　　項 |
|---|---|
| 1299 | セルビアのステファン・ウロシュ２世ミルティン，ビザンツ皇女と婚儀 |
| 1318～21 | セルビアのミルティン，グラチャニツァ修道院を建立 |
| 1321～28 | ビザンツ帝国で内紛，ブルガリアとセルビアが対立 |
| 1327 | セルビアのステファン・ウロシュ３世デチャンスキ，デチャニ修道院の建立開始 |
| 1330 | セルビアのデチャンスキ，ヴェルビュズドの戦いでブルガリア軍に大勝 |
| この頃 | デチャニ修道院にカロヤンを誅殺する聖デメトリオスが描かれる？ |
| 1387 | オスマン朝，テサロニケを攻略 |
| 1389 | セルビア，コソヴォの戦いでオスマン軍に大敗 |
| 1393 | オスマン朝，タルノヴォを攻略 |
| 1453 | オスマン朝，コンスタンティノープルを攻略，ビザンツ帝国滅亡 |
| 1476頃 | ブルガリア，ドラガレヴツィ修道院にカロヤンを誅殺する聖デメトリオスが描かれる |

# 文献目録

## 1　史料・翻訳


Niketas Choniates, *Historia*, ed., Jan Louis van Dieten, Berlin - New York, 1975.

*O City of Byzantium: Annals of Niketas Choniatēs*, translated by Harry J. Magoulias, Detroit, 1984.

Georgios Acropolites, *Opera*, ed., Augustus Heisenberg, 2 Bd., Leipzig, 1903.

George Akropolites, *The History*, introduction, translation and commentary by Ruth Macrides, Oxford, 2007.

K. Horna, "Die Epigramme des Theodoros Balsamon", *Wiener Studien*, 25, 1903, pp. 165–217, esp. p. 192.

Ι. Ἰβηρίτης, "Ιωάννου Σταυρακίνου Λόγος είς τά θαύματα του Αγίον Δημητρίου", *Μακεδονικα*, 1, 1940, pp. 324–376.

Athanasios Papadopoulos-Kerameus, *Αναλεκτα ιεροσολυμιτικης σταχυολογιας, η, Συλλογη ανεκδοτων και σπανιων ελληνικων συγγραφων περι των κατα την Εωαν ορθοδοξων εκκλησιων και μαλιστα τησ των Παλαιστινων*, t. 1, Petroupolis, 1891, pp. 160–215.

Athanasios Papadopoulos-Kerameus, *Noctes Petropolitanae: сборникъ византiйскихъ текстовъ XII–XIII вѣковъ*, St. Petersburg, 1913 (rep. Leipzig, 1976).

Manuel Philes, *Carmina*, ed. E. Miller, 2 vols., Paris, 1855 (rep. Amsterdam. 1967).

Robert de Clari, *La Conquête de Constantinople*, éd., Jean Dufournet, Paris, 2004.

Robert de Clari, *La Conquête de Constantinople*, éd., Philippe Lauer, Paris, 1924.

Robert of Clari, *The Conquest of Constantinople*, translated with Introduction and Notes by Edgar Holmes McNeal, rep. Toront, 1996 (New York, 1936).

Henri de Valenciennes, *Histoire de l'empereur Henri de Constantinople*, éd., Jean Longnon, Paris, 1948.
Fancis Dvorník, *Les légendes de Constantin et de Méthode vues de Byzance*, Prague, 1933.
Serbisches Mittelalter, Bd. 1: *Stefan Nemanja nach den Viten des hl. Sava und Stefans des Erstgekrönten. - Altserbische Herrscherbiographien*, übersetzt., eingeleitet und erklärt von Stanislaus Hafner (= *Slavische Geschichtsschreiber*, Bd. 2), Graz - Wien - Köln, 1962.
Cyril Pavlikianov, *The Mediaeval Greek and Bulgarian Documents of the Athonite Monastery of Zographou (980–1600)*, Sofia, 2014.
Phaidon Malingoudis, *Die Mittelalterlichen Kyrillischen Inschriften der Hämushalbinsel*. Teil I: *Die Bulgarischen Inschriften*, Thessaloniki, 1979.
木村彰一・岩井憲幸「〈翻訳〉メトディオス一代記：訳ならびに注」『スラヴ研究』33号，1986年，1-16頁。

## 2　研究文献

E. Bakalova, "La vie de Sainte Parascève de Tirnovo dans l'art balkanique du Bas Moyen Âge", *Byzantinobulgarica*, 5, 1978, pp. 175–209.
Charalambos Bakirtzis, "Byzantine Ampullae from Thessalonica", in Robert Ousterhout, ed., *The Blessings of Pilgrimage*, Urbana, 1990, pp. 140–149.
Charalambos Bakirtzis, "Pilgrimage to Thessalonike: The Tomb of St. Demetrios", *Dumbarton Oaks Papers*, 56, 2002, pp. 175–193.
Theoni Baseu-Barabas, "Das Bild des «Anderen» im Werk von Niketas Choniates. Das Beispiel von Peter und Asen", *Symmeikta*, 10, 1996, pp. 283–293.
Mark Bartusis, "The Settlement of Serbs in Macedonia in the Era of Dušan's Conquests", in Hélène Ahrweiler and Angeliki E. Laiou, eds., *Studies on the Internal Diaspora of the Byzantine Empire*, Washington, D.C., 1998, pp. 151–159.
Franz A. Bauer, *Eine Stadt und ihr Patron: Thessaloniki und der Heilige Demetrios*, Regensburg, 2013.
Ivan Biliarsky, "The Cult of Saint Petka and the Constantinopolitan Marial Cult", in Ivan Biliarsky et Radu G. Păun, éd., *Les cultes des saints*

*souverains et des saints guerriers et l'idéologie du pouvoir en Europe Centrale et Orientale, Actes du colloque international, janvier 2004, New Europe College, Bucarest*, Bucarest, 2007, pp. 81-104.

Ivan Biliarsky, "Saint Jean de Rila et saint tsar Pierre. Les destins de deux cultes du Xème siècle", in Katerina Nikolaou and Kostas Tsiknakis, eds., *Byzantium and Bulgarians (1018-1185)*, Athens, 2008, pp. 161-174.

Ivan Biliarsky, "St. Peter (927-969), Tsar of the Bulgarians", in Vassil Gjuzelev and Kiril Petkov, eds., *State and Church: Studies in Medieval Bulgaria and Byzantium*, Sofia, 2011, pp. 173-188.

Stefan Bojadžiev, "L'église des Quarante Martyrs à Tarnovo", *Études balkaniques*, 7-3, 1971, pp. 143-158.

Francois Bredenkamp, *The Byzantine Empire of Thessaloniki (1224-1242)*, Thessaloniki, 1996.

Jean-Claude Cheynet, "Par saint Georges, par saint Michel", *Travaux et Mémoires*, 14, 2002, pp. 115-134.

Jean-Claude Cheynet, "Le culte de saint Théodore chez les officiers de l'armée d'Orient", in A. Avramea, A. Laiou, E. Chrysos, eds., *Byzantium State and Society: In Memory of Nikos Oikonomides*, Athènes, 2003, pp. 137-154.

Jean-Claude Cheynet, "Le culte de saint Jean-Baptiste en Cilicie et en Syrie", dans B. Doumerc et Ch. Picard, éd., *Byzance et ses périphéries (Mondes grec, balkanique et musulman). Hommage à Alain Ducellier*, Toulouse, 2004, pp. 57-66.

Jean-Claude Cheynet, "La place de Serbie dans la diplomatie byzantine à la fin du XI[e] siècle", *Zbornik radova Vizantološkog Instituta*, 45, 2008, pp. 89-97.

Slobodan Ćurčić, *Gračanica: King Milutin's Church and Its Place in Late Byzantine Architecture*, University Park - London, 1979.

Slobodan Ćurčić, "The Role of Late Byzantine Thessalonike in Church Architecture in the Balkans", *Dumbarton Oaks Papers*, 57, 2003, pp. 65-84.

Francesco Dall'Aglio, "The Bulgarian Siege of Thessaloniki in 1207: between History and Hagiography", *Eurasian Studies*, 1/2, 2002, pp. 263-282.

Francesco Dall'Aglio, "Shifting Capitals and Shifting Identities: Pliska,

Preslav, Tărnovo and the Self-perception of a Medieval Nation", *Bulgaria Mediaevalis*, 2, 2011, pp. 587–601.

Hippolyte Delehaye, *Les légendes grecques de Saints militaires*, Paris, 1909.

Ivan M. Djordjević, "Der Heilige Demetrios in der serbischen adligen Stiftungen aus der Zeit der Nemaniden", dans *L'art de Thessalonique et des pays balkaniques et les courants spirituels au XIV[e] siècle*, Belgrade, 1987, pp. 67–73.

Vojislav J. Djurić, "L'art des Paléologues et l'État serbe. Rôle de la Cour et de l'Église serbes dans la première moitié du XIV[e] siècle", dans *Art et société à Byzance sous les Paléologues: Actes du Colloque organisé par l'Association internationale des études byzantines à Venise en septembre 1968*, Venise, 1971, pp. 177–191 (planches LXXVI–LXXXIV).

Anastasia Dobyčina, "A "Divine Sanction" on the Revolt: The Cult of St. Demetrius of Thessalonica and the Uprising of Peter and Asen (1185–1186)", *Studia Ceranea*, 2, 2012, pp. 113–126.

Ivan Dujčev, "Le bague-sceau du roi bulgare Kalojan", *Byzantinoslavica*, 36, 1975, pp. 173–183.

Ivan Dujčev, "I *Miracula S. Demtrii Thessalonicensis* di Giovanni Stauracio in traduzione slava medieval", *Rivista di studi bizantini e neoellenici. N.S*, 14–16, 1977–1979, pp. 239–247.

Ivan Dujčev, "A quelle époque vécut l'hagiographie Jean Staurakios?", *Analecta bollandiana*, 100, 1982, pp. 677–681.

Ljubinka Džidrovna, "Crusaders in the Central Balkan", in Zsolt Hunyadi and József Laszlovsky, eds., *The Crusades and Military Orders: Expanding the Frontiers of Medieval Latin Christianity*, Budapest, 2001, pp. 187–211.

Jelena Erdeljan, "New Jerusalems in the Balkans. Translation of Sacred Space in the Local Context", in Alexei Lidov, ed., *New Jerusalems. Hierotopy and Iconography of Sacred Spaces*, Moscow, 2009, pp. 458–474.

Jelena Erdeljan, "New Jerusalem as New Constantinoples? Reflections on the Reasons and Principles of Translatio Constantinopoleos in Slavia Orthodoxa", *Δελτιον της Χριστιανικης Αρχαιολογικης Εταιρειας*, 32, 2011, pp. 11–18.

Jelena Erdeljan, *Constructing New Jerusarems in Slavia Orthodoxia*, Leiden, 2017.

Božidar Ferjančić and Ljubomir Maksimović, "Sava Nemanjić and Serbia between Epiros and Nicaea", *Balcanica*, 45, 2014, pp. 37–54.
Leonola Fundić, "Art and Political Ideology in the State of Epiros during the Reign of Theodore Doukas (r. 1215–1230)", *Byzantina Symmeikta*, 23, 2013, pp. 217–250.
Leonola Fundić, "The Artistic Patronage of the Komnenos-Doukas Family (1204–1318) in the Byzantine State of Epeiros", *Byzantion*, 86, 2016, pp. 139–169.
Vassil Gjuzelev, "Hauptstädt, Rezidenzen und Hofkultur im mittelalterlichen Bulgarien (7.–14. Jh.). Vom Nomadencampus bis zum Zarenhof", *Etudes balkaniques*, 27–2, 1991, pp. 82–105.
Vassil Gjuzelev, "Die Residenzen Tărnovo, Bdin und Kaliakra und ihre höfische Kultur", in Reinhard Lauer und Hans Georg Majer, Hersg., *Höfische Kultur in Südosteuropa: Bericht der Kolloquien der Südosteuropa-Kommission 1988 bis 1990*, Göttingen, 1994, pp. 59–73.
Vassil Gjuzelev, "La quatrième croisade et ses consequence pour la Bulgarie médiévale: le tzar Kaloyan, les Latins et les Grecs (1204–1207)", *Studia Ceranea*, 3, 2013, pp. 29–37.
André Grabar, *La peinture religieuse en Bulgarie*, Paris, 1928.
André Grabar, "Quelque reliquaire de saint Démétrios et le martyrium du saint à Salonique", *Dumbarton Oaks Papers*, 5, 1950, pp. 1–28.
Piotr Ł. Grotowski, translated by Richard Brzezinski, *Arms and Armour of the Warrior Saints: Tradition and Innovation in Byzantine Iconography, 843–1261*, Leiden, 2010.
John Haldon, *A Tale of Two Saints: The Martyrdoms and Miracles of Saints Theodore 'the Recruit' and 'the General'*, Liverpool, 2016.
Michael F. Hendy, *Coinage and Money in the Byzantine Empire, 1081–1261*, Washington, D.C., 1969.
Ivan Jordanov, *Corpus of Medieval Bulgarian Seals*, Sofia, 2016.
Apostolos D. Karpozilos, *The Ecclesiastical Controversy between the Kingdom of Nicaea and the Principality of Epiros (1217–1233)*, Thessalonica, 1973.
Nikos Kontogiannis, "Translatio Imaginis: Assimilating the Triple-towered Castle in Late Byzantine Coinage", *Byzantinische Zeitschrift*, 106, 2013,

pp. 713-744.

Leopold Kretzenbacher, "Die griechische Reiterheilige Demetrios und sein schon überwundener Gegner. Zur Mehrfachdeutung eines überlieferten Bildmotives in Südosteuropa", *Münchner Zeitschrift für Balkankunde*, 7-8, 1991, pp. 131-140.

Elizabeth Lapina, "Demetrius of Thessaloniki: Patron Saint of Crusades", *Viator*, 40-2, 2009, pp. 93-112.

G. Lazăr, "La constitution du Tsarat des Asénies et le cult des saints militaires", *Études Byzantines et Post-Byzantines*, 6, 2011, pp. 161-170.

Paul Lemerle, *Les plus anciens recueils des miracles de Saint Démétrius et la pénétration des Slaves dans les Balkans*, 2 vols., Paris, 1979-1981.

Jean Longnon, "La reprise de Salonique par les Grecs en 1224", *Actes du VI^e congrès international d'études byzantines*, I, Paris, 1950, pp. 141-146.

Ruth J. Macrides, "Subversion and Loyalty in the Cult of St Demetrios", *Byzantinoslavica*, 51, 1990, pp. 187-197.

Ruth J. Macrides, "Bad Historian or Good Lawyer? Demetrios Chomatenos and Novel 131", *Dumbarton Oaks Papers*, 46, 1992, pp. 187-196.

Alexandru Madgearu, *The Asanids: The Political and Military History of the Second Bulgarian Empire (1185-1280)*, Leiden, 2016.

Ljubomir Maksimović, "The Cristianization of the Serbs and the Croats", in Anthony-Emil N. Tachiaos, ed., *The Legacy of Saints Cyril and Methodius to Kiev and Moscow. Proceeding of the International Congress of Rus' to Christianity, Tessaloniki, 26-28 Nov. 1988*, Thessaloniki, 1992, pp. 167-184.

Phaidon Malingoudis, "Die Nachrichten des Nicetas Choniates über die Entstehung des Zweiten Bulgarischen Staates", *Byzantina*, 10, 1987, pp. 51-147.

Léonidas Mavromatis, *La fondation de l'empire serbe: le kralj Milutin*, Thessalonike, 1978.

Cécile Morrisson, "The Emperor, the Saint, and the City: Coinage and Money in Thessalonike from the Thirteenth to the Fifteenth Century", *Dumbarton Oaks Papers*, 57, 2003, pp. 173-203.

Cécile Morrisson, "Thirteenth-Century Byzantine 'Metallic' Identities", in Judith Herrin and Guillaume Saint-Guillain, eds., *Identities and*

*Allegiances in the Eastern Mediterranean after 1204*, Farnham, 2011, pp. 133–164.
Donald M. Nicol, "Refugees, Mixed Population and Local Patriotism in Epiros and Western Macedonia after the Fourth Crusade", *XV<sup>e</sup> Congrès international d'études byzantines (Athènes, 1976), Rapports et co-rapports*, I/2, Athens, 1976, pp. 1–33.
K. Nichoritis, "Unknown Stichera to St. Demetrius by St. Methodius", in Anthony-Emil N. Tachiaos, ed., *The Legacy of Saint: Cyril and Methodius to Kiev and Moscow. Proceeding of the International Congress of Rus' to Christianity, Tessaloniki, 26–28 Nov. 1988*, Thessaloniki, 1992, pp. 79–86.
Dimitri Obolensky, "The Cult of St. Demetrius of Thessaloniki in the History of Byzantine-Slav Relation", in D. Obolensky, *Byzantium and the Slavs*, Crestwood, NY, 1994, pp. 281–300.
Bratislav Pantelic, *The Architecture of Dečani and the Role of Archbishop Danilo II*, Wiesbaden, 2002.
Elisabeth Piltz, "King (kralj) Milutin and the Paleologan Tradition", *Byzantinoslavica*, 69, 2013, pp. 173–188.
J. Poutiers, "Le félin de la bague-cachet de Kalojan", *Études balkaniques*, 15–4, 1979, pp. 118–126.
Günter Prinzing, "Die Antigraphe des Patriarchen Germanos II. an Erzbischof Demetrios Chomatenos von Ohrid und die Korrespondenz zum nikaisch-epirotischen Konflikt 1212–1233", *Rivista di studi bizantini e slavi*, 3, 1984, pp. 21–64.
Günter Prinzing, "Demerius-Kirche und Aseniden-Aufstand. Zur chronologischen Präzisierung der Frühphase des Aseniden-Aufstandes", *Zbornik radova Vizantološkog Instituta*, 38, 1999–2000, pp. 257–265.
Günter Prinzing, "A Quasi Patriarch in the State of Epirus: The Autochephalous Archbishop of "Bulgaria" (Ochrid) Demetrius Chomatenos", *Zbornik radova Vizantološkog Instituta*, 41, 2004, pp. 165–182.
Günter Prinzing, "Epiros 1204–1261: Historical Outline - Sources - Prosopography", in Judith Herrin and Guillaume Saint-Guillain, eds., *Identities and Allegiances in the Eastern Mediterranean after 1204*,

Farnham, 2011, pp. 81–99.
Günter Prinzing, "The Authority of the Church in Uneasy Times: The Example of Demetrios Chomatenos, Archbishop of Ohrid, in the State of Epiros 1216–1236", in Pamela Armstrong, ed., *Authority in Byzantium*, Farnham, 2013, pp. 137–150.
Radivoj Ð. Radić "Serbs in front of the City of St. Demetrios?: One Allusion from the Monodium to the Fallen in Thessaloniki by Demetrios Kydones", *Zbornik radova Vizantoloskog instituta*, 39, 2001, pp. 221–224.
Janko Radovanović, "Heiliger Demetrius -Die Ikonographie seines Lebens auf den Fresken des Kloster Dečani", dans *L'art de Thessalonique et des pays balkaniques et les courants spirituels au XIV^e^ siècle*, Belgrade, 1987, pp. 75–88.
Eugenia Russell, *St Demetrius of Thessalonica: Cult and Devotion in the Middle Ages*, Oxford, 2010.
Peter Schreiner, "Der thronende Demetrius. Ikonographie und politische Bedeutung eines Siegels Ivan Asen II", in Peter Schreiner, *Studia Byzantino-Bulgarica*, Wien, 1986, pp. 95–104.
Jonathan Shepard, "Crowns from the basileus, Crowns from Heaven", in K. Kaimakamova, M. Salamon and M. Smorag Różycka, eds., *Byzantium, New Peoples, New Powers: The Byzantine-Slav Contact Zone, from the Ninth to the Fifteenth Century*, Cracow, 2007, pp. 139–159.
James C. Skedros, *Saint Demetrios of Thessaloniki: Civic Patrons and Divine Protector 4th–7th Centuries CE*, Harrisburg, Penn., 1999.
Vlada Stanković, "The Character and Nature of Byzantine Influence in Serbia (from the End of the Eleventh to the End of the Thirteenth Century): Reality - Policy - Ideology", in Mabi Angar and Claudia Sode, eds., *Serbia and Byzantium: Proceedings of the International Conference Held on 15 December 2008 at the University of Cologne*, Frankfurt am Main, 2013, pp. 75–93.
Vlada Stanković, "Rethinking the Position of Serbia within Byzantine Oikoumene in the Thirteenth Century", in Vlada Stanković, ed., *The Balkans and Byzantine World before and the after Captures of Constantinople*, Lanham, 2016, pp. 91–102.

Alkmini Stavridou-Zafraka, "The Empire of Thessaloniki (1224-1242). Political Ideology and Reality", *Byzantiaka*, 19, 1999, pp. 213-222.
Alkmini Stavridou-Zafraka, "The Political Ideology of the State of Epiros", in Angeliki Laiou, ed., *Urbs capta. The Fourth Crusade and Its Consequences*, Paris, 2005, pp. 311-323.
Anka Stojaković, "Quelque representation de Salonique dans la peinture médiévale serbe", dans *Χαριστήριον είς 'Αναστάσιον Κ. 'Ορλάνδον*, II, Athènes, 1964, pp. 25-48.
Vasilka Tăpkova-Zaimova, "Quelque representations iconographiques de Saint Démétrius et l'insurrection des Assénides: première scission dans son culte oecuménique", *Byzantinobulgarica*, 5, 1978, pp. 261-267.
Vasilka Tăpkova-Zaimova, "Les textes démétriens dans les recueils de Rila et dans collection Macaire", *Cyrillomethodianum*, 5, 1981, pp. 113-120.
Vasilka Tăpkova-Zaimova, "Les legends sur Salonique - ville sainte - et la conversion des Bulgares", in Anthony-Emil N. Tachiaos, ed., *The Legacy of Saint: Cyril and Methodius to Kiev and Moscow. Proceeding of the International Congress of Rus' to Christianity, Tessaloniki, 26-28 Nov. 1988*, Thessaloniki, 1992, pp. 133-141.
Vasilka Tăpkova-Zaimova, "Tirnovo entre Jérusalem, Rome et Constantinople. L'idée d'une capitale", in *Da Roma alla Terza Roma. Documenti e studi 5. Roma fuori da Roma*, Roma, 1993, pp. 141-155.
Vasilka Tăpkova-Zaimova, "Religion et lègende dans la literature hagiographique (Saint Démétrius et le tzar bulgare Kalojean)", *Bollettino della Badia Greca di Grottaferrata*, ser. 3, Bd. 2, 2005, pp. 221-237.
Vasilka Tăpkova-Zaimova, "Le culte de saint Démétrius et les textes démétriens", *Bulgaria Mediaevalis*, 6, 2015, pp. 41-45.
Vasilka Tăpkova-Zaimova et Anissava Miltenova, "Political Ideology and Eschatology: The Image of the "King - Saviour" and Concrete Historical Personages", *Relations et influences réciproques entre Grecs et Bulgares XVIII$^{e}$-XX$^{e}$ siècle: Art et littérature, linguistique idées politiques et structures sociales*, Thessaloniki, 1991, pp. 441-451.
Vasilka Tăpkova-Zaimova et Anissava Miltenova, *Historical and Apocalyptic Literature in Byzantium and Medieval Bulgaria*, Sofia, 2011.
Vasilka Tăpkova-Zaimova et Pavlina Bojčeva, "Le Logos de Jean Staurakios en

l'honneur de Saint Démétrius et sa traduction bulgare, attribuée à Vladislav le Grammairien", *Revue des Études Sud-Est européennes*, 35, 1997, pp. 159–170.
Branislav Todić and Milka Čanak Medić, *The Dečani Monastery*, Belgrade, 2013.
Konstantin Totev, *Golden Signet-Rings from the Time of the Second Bulgarian Kingdom 1185–1396*, Veliko Tărnovo, 2010.
Konstantin Totev, *Thessalonican Eulogia found in Bulgaria. Lead Ampules, Enkolpia and Icons from the 12th–15th c.*, Veliko Tărnovo, 2011.
István Vásáry, *Cumans and Tatars: Oriental Military in the Pre-Ottoman Balkans, 1185–1365*, Cambridge, 2005.
Christopher Walter, *The Warrior Saints in Byzantine Art and Tradition*, Aldershot, 2003.
Monica White, *Military Saints in Byzantium and Rus, 900–1200*, Cambridge, 2013.
Robert Lee Wolff, "The 'Second Bulgarian Empire': Its Origin and History to 1204", *Speculum*, 24. 1949, pp. 167–203.
Andreas Xyngopoulos, *Ο εικονογραφικος κυκλος της ζωης του Αγιου Δημητριου*, Thessalonike, 1970.
井上浩一「第二ブルガリア王国の成立――民族問題と「世界システム論」」『人文研究』(大阪市立大学)46巻11分冊，1994年，59–81頁。

# 註

## 序章　1枚の絵の謎

1　Alain Ducellier, *Byzance et le monde orthodoxe*, Paris, 1986, p. 312.

2　Hippolyte Delehaye, *Les légendes grecques de Saints militaires*, Paris, 1909.

3　Paul Lemerle, *Les plus anciens recueils des miracles de Saint Démétrius et la pénétration des Slaves dans les Balkans*, 2 vols., Paris, 1979-1981.

4　James C. Skedros, *Saint Demetrios of Thessaloniki: Civic Patrons and Divine Protector 4th-7th Centuries CE*, Harrisburg, Penn., 1999.

5　Christopher Walter, *The Warrior Saints in Byzantine Art and Tradition*, Aldershot, 2003; Piotr Ł. Grotowski, translated by Richard Brzezinski, *Arms and Armour of the Warrior Saints: Tradition and Innovation in Byzantine Iconography, 843-1261*, Leiden, 2010; Monica White, *Military Saints in Byzantium and Rus, 900-1200*, Cambridge, 2013.

6　Jean-Claude Cheynet, "Par saint Georges, par saint Michel", *Travaux et Mémoires*, 14, 2002, pp. 115-134; Id., "Le culte de saint Théodore chez les officiers de l'armée d'Orient", in A. Avramea, A. Laiou, E. Chrysos, eds., *Byzantium State and Society: In Memory of Nikos Oikonomides*, Athènes 2003, pp. 137-154.

7　John Haldon, *A Tale of Two Saints: The Martyrdoms and Miracles of Saints Theodore 'the Recruit' and 'the General'*, Liverpool, 2016.

8　Eugenia Russell, *St Demetrius of Thessalonica: Cult and Devotion in the Middle Ages*, Oxford, 2010; Franz A. Bauer, *Eine Stadt und ihr Patron: Thessaloniki und der Heilige Demetrios*, Regensburg, 2013.

## 第１章　聖デメトリオス信仰の生成と発展

1　cf. Hippolyte Delehaye, *Les légendes grecques de Saints militaires*, Paris, 1909, pp. 103-109; Christopher Walter, *The Warrior Saints in Byzantine Art and Tradition*, Aldershot, 2003, pp. 67-93.

2　以下の「聖デメトリオスの受難」の写本系統に関する議論については，James C. Skedros, *Saint Demetrios of Thessaloniki: Civic Patrons and Divine Protector 4th-7th Centuries CE*, Harrisburg, Penn., 1999, pp. 60-70

を参照。

3 Passio Alteraの英訳は，スケドロスの著書に付録として収録されている。*ibid.*, Appendix 2, pp. 149-154.

4 Rudolf Kautzsch, *Kapitallstudien, Beiträge zu einer Geschichte des spätantiken Kapitells im Osten vom vierten bis ins siebente Jahrhundert*, Berlin, 1936, pp. 73-75(筆者未見。典拠はスケドロスに拠る); James C. Skedros, *Saint Demetrios of Thessaloniki*, p. 33.

5 Michael Vickers, "Sirmium or Thessaloniki? A Critical Examination of the St. Demetrius Legend", *Byzantinische Zeitschrift*, 67, 1974, pp. 337-350, esp. pp. 346-350.

6 535年に発布されたユスティニアヌス1世の新法第11条によれば，441/2年当時，イリュリクム総督の任にあったのはアプラエエミウスという名の人物だった。cf. James C. Skedros, *Saint Demetrios of Thessaloniki*, p. 36, n. 97.

7 以下の議論は，James C. Skedros, *Saint Demetrios of Thessaloniki*, pp. 29-39に拠る。

8 テキストの校訂版は，Paul Lemerle, *Les plus anciens recueils des miracles de Saint Démétrius et la pénétration des Slaves dans les Balkans*, 2 vols., Paris, 1979-1981, Vol. 1, pp. 47-165. 註釈は，*ibid.*, Vol. 2, pp. 27-81. James C. Skedros, *Saint Demetrios of Thessaloniki*, pp. 105-132も参照。

9 Ruth J. Macrides, "Subversion and Loyalty in the Cult of St Demetrios", *Byzantinoslavica*, 51, 1990, pp. 187-197, esp. p. 190f.

10 テキストと仏語訳は，Paul Lemerle, *Les plus anciens recueils des miracles de Saint Démétrius et la pénétration des Slaves dans les Balkans*, Vol.1, pp. 72-82.

11 *ibid.*, pp. 100-103.

12 *ibid.*, pp. 130-138.

13 Julian Walter, "St. Demetrius: The Myroblytos of Thessalonike", *Eastern Churches Review*, 5, 1973, pp. 157-178, esp. pp. 174-178; Charalambos Bakirtzis, "Le culte de Saint Démétrius", *Akten des XII. Internationalen Kongress für Christliche Archäologie, Bonn 22-28, Septembre 1991*, Münster, 1995, pp. 58-68, esp. pp. 60-62.

14 cf. Nicolas Oikonomidès, *Les listes de préséance byzantines des IX*[e] *et X*[e]

*siècles*, Paris, 1972, p. 352.

15 cf. Apostolos E. Vacalopoulos, *A History of Thessaloniki*, Thessaloniki, 1993, pp. 33–37. この事件のビザンツ側の記録としては，Ioannes Cameniates, *De expugnatione Thessalonicae*, ed., G. Böhlig, Berlin - New York, 1973がある。英訳は，John Kameniates, *The Capture of Thessaloniki*, Translation, Introduction and Notes by David Frendo and Athanasios Fotiou, Canberra, 2000.

16 A. A. Vasiliev, *Byzance et les Arabes*, tome 2, *La dynastie macédonienne (867–959)*, pt. 2: *Extraits des sources arabes*, traduits par M. Canard, Bruxelles, 1950, p. 129; cf. Vasilka Tăpkova-Zaimova, "Gens et choses de Salonique dans les actes démétriens", in J. S. Langdon, S. W. Reinert, J. S. Allen and Ch. P. Ioannides, eds., *To Hellenikon: Studies in Honor of Speros Vryonis, Jr.*, 2 vols., Vol. 1: *Hellenic Antiquity and Byzantium*, New Rochelle, 1993, pp. 385–396, esp. p. 386f.

17 ペトルス・デリャンの反乱に関しては，さしあたり，Apostolos E. Vacalopoulos, *A History of Thessaloniki*, p. 40f.; Paul Stephenson, *Byzantium's Balkan Frontier. A Political Study of the Northern Balkans, 900–1204*, Cambridge, 2000, pp. 130–133 などを参照のこと。

18 Ioannes Skylitzes, *Synopsis Historiarum*, ed., H. Thurn, Berlin, 1973, p. 413.

19 Ruth J. Macrides, "Subversion and Loyalty in the Cult of St Demetrios", p. 193f.

20 Ioannes Skylitzes, *Synopsis Historiarum*, p. 413f.; cf. Dimitri Obolensky, "The Cult of St. Demetrius of Thessaloniki in the History of Byzantine-Slav Relation", in Id., *Byzantium and the Slavs*, Crestwood, NY, 1994, pp. 281–300, esp. p. 294.

21 Pseudo-Luciano, *Timarione*, cura di Roberto Romano, Napoli, 1974, pp. 53–55; Barry Baldwin trans. *Timarion*, Detroit, 1984, pp. 44f.

22 ノルマン・シチリア王国軍によるテサロニケ攻囲・占領の顚末については，当時，同市の府主教であったエウスタティオスによって詳細な記録が残されている。Eustazio di Tessalonica, *La espugnazione di Tessalonica*, testo critico, introduzione, annotazioni di Stilpon Kyriakidis, Palermo, 1961（校訂版テキストとイタリア語訳）; Eustathios of Thessaloniki, *The Capture of Thessaloniki*, A Translation with Introduction and

Commentary by John R. Melville Jones, Canberra, 1988(英訳); Jean Caminiatès, Eustathe de Thessalonique et Jean Anagnostès, *Thessalonique, Chroniques d'une ville prise*, présentés et traduits du grec par Paolo Odorico, Toulouse, 2005(仏訳). 聖デメトリオスの聖域が掠奪されたくだりは，Eustazio di Tessalonica, *La espugnazione di Tessalonica*, p. 116f.; Eustathios of Thessaloniki, *The Capture of Thessaloniki*, p. 116f.

23 Niketas Choniates, *Historia*, ed., Jan Louis van Dieten, Berlin - New York, 1975 esp. p. 305f.

24 Eustazio di Tessalonica, *La espugnazione di Tessalonica*, p. 4f.; Eustathios of Thessaloniki, *The Capture of Thessaloniki*, p. 4f.

25 Eustazio di Tessalonica, *La espugnazione di Tessalonica*, p. 140f.; Eustathios of Thessaloniki, *The Capture of Thessaloniki*, p. 140f.

## 第2章　聖者はタルノヴォに去りぬ？

1 Phaidon Malingoudis, "Die Nachrichten des Nicetas Choniates über die Entstehung des Zweiten Bulgarischen Staates", *Byzantina*, 10, 1987, pp. 51-147, esp. p. 86f.

2 第2ブルガリア王国第3代の王の名前は，史料ごとに異なる呼称が用いられていて混乱を誘うが，それらは，いずれも，ギリシア語のヨハネス（スラヴ語ではイヴァン）からの派生語であることを覚えておくと疑問も解けるだろう。すなわち，「イワニッツァ」は，「小さなイヴァン」，「カロヤン」は「善良なヨハネス」を意味するニックネームである。以下の本文では，無用な混乱を避けるため，史料からの引用を除き，「カロヤン」の呼称で統一することとしたい。

3 Robert de Clari, *La Conquête de Constantinople*, éd., Jean Dufournet, Paris, 2004, p. 142f.; Robert of Clari, *The Conquest of Constantinople*, Translated with Introduction and Notes by Edgar Holmes McNeal, rep. Toront, 1996 (New York, 1936), p. 87.

4 Phaidon Malingoudis, "Die Nachrichten des Nicetas Choniates über die Entstehung des Zweiten Bulgarischen Staates", p. 86.

5 中世バルカンのヴラフ人に関しては，さしあたり，T. J. Winnifrith, *The Vlachs: The History of a Balkan People*, London, 1987 を参照のこと。

6 ペータルとアセンの兄弟の民族的出自に関する議論は，John V. A.

Fine, Jr., *The Late Medieval Balkans: A Critical Survey from the Late Twelfth Century to the Ottoman Conquest*, Ann Arbor, 1994, p. 12f.; István Vásáry, *Cumans and Tatars: Oriental Military in the Pre-Ottoman Balkans, 1185–1365*, Cambridge, 2005, pp. 33–42 を参照。

7 Niketas Choniates, *Historia*, ed., Jan Louis van Dieten, Berlin - New York, 1975, p. 369; *O City of Byzantium: Annals of Niketas Choniatēs*, translated by Harry J. Magoulias, Detroit, 1984, p. 204.

8 Niketas Choniates, *Historia*, p. 371f.; *O City of Byzantium: Annals of Niketas Choniatēs*, p. 205.

9 cf. Alexandru Madgearu, *The Asanids: The Political and Military History of the Second Bulgarian Empire (1185–1280)*, Leiden, 2016, p. 65f.

10 Phaidon Malingoudis, "Die Nachrichten des Nicetas Choniates über die Entstehung des Zweiten Bulgarischen Staates", p. 87f.; Alexandru Madgearu, *The Asanids: The Political and Military History of the Second Bulgarian Empire (1185–1280)*, p. 37.

11 Günter Prinzing, "Demerius-Kirche und Aseniden-Aufstand. Zur chronologischen Präzisierung der Frühphase des Aseniden-Aufstandes", *Zbornik radova Vizantološkog Instituta*, 38, 1999–2000, pp. 257–265, esp. pp. 259–263.

12 Alexandru Madgearu, *The Asanids: The Political and Military History of the Second Bulgarian Empire (1185–1280)*, pp. 52–55.

13 A・ドビュチナは，ペータルとアセンの兄弟が「奇蹟を起こすイコン（ないしその複製）」を所有していた可能性があったことを論じている。 Anastasia Dobyčina, "A "Divine Sanction" on the Revolt: The Cult of St. Demetrius of Thessalonica and the Uprising of Peter and Asen (1185–1186)", *Studia Ceranea*, 2, 2012, pp. 113–126, esp. p. 121f.

14 K. Horna, "Die Epigrammees Theodoros Balsamon", *Wiener Studien*, 25, 1903, pp. 165- 217, esp. p. 192.

15 cf. Vasilka Tăpkova-Zaimova, "Quelque representations iconographiques de Saint Démétrius et l'insurrection des Assénides: première scission dans son culte oecuménique", *Byzantinobulgarica*, 5, 1978, pp. 261–267, esp. p. 262f.; Franz A. Bauer, *Eine Stadt und ihr Patron: Thessaloniki und der Heilige Demetrios*, Regensburg, 2013, p. 292.

16 971年，キエフ大公スヴャトスラフに対する戦勝を祝うヨハネス１世

の凱旋式典については，Ioannes Skylitzes, *Synopsis Historiarum*, ed., H. Thurn, Berlin, 1973, p. 310;（英訳）John Skylitzes, *A Synopsis of Byzantine History, 811–1057*, translated by John Wortley, Cambridge, 2010, p. 294を参照。ビザンツ中期の皇帝の凱旋式典については，Herbert Hunger, "Reditus Imperatoris", in Günter Prinzing und Dieter Simon, Hersg., *Fest und Alltag in Byzanz*, München, 1990, pp. 17–35, 179–185もあわせて参照のこと。

17 Phaidon Malingoudis, "Die Nachrichten des Nicetas Choniates über die Entstehung des Zweiten Bulgarischen Staates", pp. 107–112. なお，Paul Magdalino, "Prophecy and Divination in the *History*", in Alicia Simpson and Stephanos Efthymiadis, eds., *Niketas Choniates: A Historian and a Writer*, Geneva, 2009, pp. 59–74, esp. p. 64にも，ペータルとアセンの兄弟の挙兵時に神霊憑依者が動員されたことが紹介されているが，踏み込んだ考察はなされていない。

18 ニケタス・コニアテスは，第3回十字軍に参加したドイツ皇帝フリードリヒ1世バルバロッサがビザンツ領バルカン地域を行軍した際，フィリッポポリス長官として対応にあたっている。Niketas Choniates, *Historia*, pp. 402–409; *O City of Byzantium: Annals of Niketas Choniatēs*, pp. 221–225.

19 Alexandru Madgearu, *The Asanids: The Political and Military History of the Second Bulgarian Empire (1185–1280)*, p. 45f.

20 Fancis Dvorník, *Les légendes de Constantin et de Méthode vues de Byzance*, Prague, 1933, p. 391. 邦語訳もある。木村彰一・岩井憲幸「〈翻訳〉メトディオス一代記：訳ならびに注」，『スラヴ研究』33号，1986年，1–16頁。参照箇所は，14頁。

21 K. Nichoritis, "Unknown Stichera to St. Demetrius by St. Methodius", in Anthony-Emil N. Tachiaos, ed., *The Legacy of Saints Cyril and Methodius to Kiev and Moscow. Proceeding of the International Congress of Rus' to Christianity, Tessaloniki, 26–28 Nov. 1988*, Thessaloniki, 1992, pp. 79–86.

22 cf. Dimitri Obolensky, "The Cult of St. Demetrius of Thessaloniki in the History of Byzantine-Slav Relation", in Id., *Byzantium and the Slavs*, Crestwood, NY, 1994, pp. 281–300, esp. pp. 288–291; Anastasia Dobyčina, "A "Divine Sanction" on the Revolt: The Cult of St. Demetrius of Thessalo-

nica and the Uprising of Peter and Asen (1185–1186)", p. 117; Franz A. Bauer, *Eine Stadt und ihr Patron: Thessaloniki und der Heilige Demetrios*, Regensburg, 2013, p. 292f.

23 ヴァシリカ・タプコヴァ＝ツァイモヴァも，ブルガリアにおける聖デメトリオス崇敬が盛んだったのは，オフリドなどの西部地域やテサロニケに近接する地域が主であり，中央部や東部で彼が崇拝されていた形跡が欠落していることを指摘している。Vasilka Tăpkova-Zaimova, "Quelque representations iconographiques de Saint Démétrius et l'insurrection des Assénides: première scission dans son culte oecuménique", p. 267.

24 Vasilka Tăpkova-Zaimova, "Le culte de saint Démétrius et les textes démétriens", *Bulgaria Mediaevalis*, 6, 2015, pp. 41–45, esp. p. 41.

25 Vasilka Tăpkova-Zaimova, "Les legends sur Salonique - ville sainte - et la conversion des Bulgares", in Anthony-Emil N. Tachiaos, ed., *The Legacy of Saints: Cyril and Methodius to Kiev and Moscow. Proceeding of the International Congress of Rus' to Christianity, Tessaloniki, 26–28 Nov. 1988*, Thessaloniki, 1992, pp.133–141, esp. pp. 137–139; Anastasia Dobyčina, "A "Divine Sanction" on the Revolt: The Cult of St. Demetrius of Thessalonica and the Uprising of Peter and Asen (1185–1186)", p. 119f.; Kiril Petkov, *The Voice of Medieval Bulgaria, Seventh-Fifteenth Century: The Records of a Bygone Culture*, Leiden, 2008, p. 202 には，「預言者ダニエルの幻視」の関係箇所の英訳が収録されている。

26 Philip Grierson, *Byzantine Coins*, London - Berkeley, 1982, p. 224f.

27 Ivan Jordanov, *Corpus of Byzantine Seals from Bulgaria*, Vol. III, Sofia, 2009, No. 1002–1012, p. 364f.; Jean-Claude Cheynet, "L'iconographie des sceaux des Comnène", in Claudia Ludwig, ed., *Siegel und Siegler. Akten des 8. Internationalen Symposion für Byzantinische Sigillographie*, Frankfurt am Main, 2005, pp. 53–67, esp. p. 60.

28 Ivan Jordanov, *Corpus of Medieval Bulgarian Seals*, Sofia, 2016, p. 212.

29 ただし，聖デメトリオスが第２ブルガリア王国の唯一絶対的な守護聖者だった，と断言するのはいささか事態を単純化しすぎることになるだろう。というのも，ペータルとアセンの兄弟は1190年頃にブルガリア第１の古刹，リラ修道院の創建者である聖イヴァンの聖遺物をタルノヴォに移し，この聖人に献げた教会を建立して厚く崇敬する姿勢を

示しているからである。さらに1231年には聖女パラスケヴァ（ブルガリアでは聖ペトカの名で親しまれている）ももたらされ，国民の崇敬を集めることになった。こうした複数の聖人が並立する状況については，今後，さらなる考察が必要とされるであろう。cf. Alexandru Madgearu, *The Asanids: The Political and Military History of the Second Bulgarian Empire (1185–1280)*, p. 213.

### 第3章　聖都テサロニケの反撃

1　1188年のビザンツ・ブルガリア和平条約に関しては，Franz Dölger und Peter Wirth, *Regesten der Kaiserurkunden des oströmischen Reichs*, 2. Teil: *Regesten von 1025–1204*, 2 Aufl., München, 1995, Nr. 1584a, p. 297を参照。またペータル・アセン兄弟時代の対ビザンツ戦争の推移については，Alexandru Madgearu, *The Asanids: The Political and Military History of the Second Bulgarian Empire (1185–1280)*, Leiden, 2016, pp. 35–113; John V. A. Fine, Jr., *The Late Medieval Balkans: A Critical Survey from the Late Twelfth Century to the Ottoman Conquest*, Ann Arbor, 1994, pp.12–16, 24–29; Charles M. Brand, *Byzantium Confronts the West, 1180–1204*, Cambridge, Mass., 1968, pp. 89–93, 125–130; Robert Lee Wolff, "The 'Second Bulgarian Empire': Its Origin and History to 1204", *Speculum*, 24, 1949, pp. 167–203, esp. pp. 180–188 などを参照されたい。

2　*The Crusade of Frederick Barbarossa: The History of the Expedition of the Emperor Frederick and Related Texts*, translated by Graham A. Loud, Farnham, 2010, pp. 64, 84f.

3　Niketas Choniates, *Historia*, ed., Jan Louis van Dieten, Berlin, 1975, pp. 475–479; *O City of Byzantium: Annals of Niketas Choniatēs*, translated by Harry J. Magoulias, Detroit, 1984, pp. 261–263.

4　第4回十字軍の顚末に関しては，邦語では，ジョナサン・フィリップス（野中邦子・中島由華訳）『第四の十字軍——コンスタンティノポリス略奪の真実』中央公論新社，2007年が詳しい。

5　cf. Alexandru Madgearu, *The Asanids: The Political and Military History of the Second Bulgarian Empire (1185–1280)*, p. 166f.

6　Georgios Acropolites, *Opera*, ed., Augustus Heisenberg, 2 Bd., Leipzig, 1903, p. 23f.; George Akropolites, *The History*, introduction, translation

and commentary by Ruth Macrides, Oxford, 2007, p. 140, 143, n. 19.

7 Robert de Clari, *La Conquête de Constantinople*, éd., Jean Dufournet, Paris, 2004, p. 210f.; Robert of Clari, *The Conquest of Constantinople*, Translated with Introduction and Notes by Edgar Holmes McNeal, rep. Toront, 1996 (New York 1936), p. 127.

8 Francesco Dall'Aglio, "The Bulgarian Siege of Thessaloniki in 1207: Between History and Hagiography", *Eurasian Studies*, 1/2, 2002, pp. 263–282, esp. p. 266 に該当箇所の英訳がある。cf. Vasilka Tăpkova-Zaimova, "Religion et lègende dans la literature hagiographique (Saint Démétrius et le tzar bulgare Kalojean)", *Bollettino della Badia Greca di Grottaferrata*, ser. 3, Bd. 2, 2005, pp. 221–237, esp. p. 223.

9 *Serbisches Mittelalter*, Bd. 1: *Stefan Nemanja nach den Viten des hl. Sava und Stefans des Erstgekrönten. Altserbische Herrscherbiographien*, übersetzt, eingeleitet und erklärt von Stanislaus Hafner, Graz-Wien-Köln, 1962, S. 117. cf. Alexandru Madgearu, *The Asanids: The Political and Military History of the Second Bulgarian Empire (1185–1280)*, p. 169.

10 Franz A. Bauer, *Eine Stadt und ihr Patron: Thessaloniki und der Heilige Demetrios*, Regensburg, 2013, p. 294.

11 Michael Angold, "The Latin Empire of Constantinople, 1204–1261: Marriage Strategies", in Judith Herrin and Guillaume Saint-Guillain, eds., *Identities and Allegiances in the Eastern Mediterranean after 1204*, Farnham, 2011, pp. 47–67, esp. p. 61.

12 Niketas Choniates, *Historia*, p. 636; *O City of Byzantium: Annals of Niketas Choniatēs*, p. 349.

13 Charalambos Bakirtzis, "Byzantine Ampullae from Thessalonica", in Robert Ousterhout, ed., *The Blessings of Pilgrimage*, Urbana, 1990, pp. 140–149, esp. p. 147.

14 ヴァシリカ・タプコヴァ＝ツァイモヴァも，聖デメトリオスによるカロヤン誅殺説の流布を，アセン家のプロパガンダに対するビザンツ側の応答・反撃とみなしている。Vasilka Tăpkova-Zaimova, "Quelque representations iconographiques de Saint Démétrius et l'insurrection des Assénides: première scission dans son culte oecuménique", *Byzantinobulgarica*, 5, 1978, pp. 261–267, esp. p. 267.

15 Paul Lemerle, André Guillou, Nicolas Svoronos et Denise Papachryssanthou, eds., *Actes de Lavra*, Vol. II, *De 1204 à 1328*, Paris, 1977, no. 75, pp. 27–33; cf. Ivan Dujčev, "A quelle époque vécut l'hagiographie Jean Staurakios?", *Analecta bollandiana*, 100, 1982, pp. 677–681, esp. p. 680f.; Stephanos Efthymiadis, ed., *The Ashgate Research Companion to Byzantine Hagiography*, Vol. II: *Genres and Context*, Fahrnham, 2014, p. 124f.

16 Ivan Dujčev, "I *Miracula S. Demtrii Thessalonicensis* di Giovanni Stauracio in traduzione slava medieval", *Rivista di studi bizantini e neoellenici. N.S*, 14–16, 1977–1979, pp. 239–247.

17 I. 'Ιβηρίτης, "Ιαάνου Σταυρακίνου Λογος είς τά θαύματα του αγίον Δημητρίου", Μακεδονικα, 1, 1940, pp. 324–376, esp. p. 370f.; cf. Francesco Dall'Aglio, "The Bulgarian Siege of Thessaloniki in 1207: Between History and Hagiography", p. 269f.

18 コンスタンティノス・アクロポリテスの当該部分については，Francesco Dall'Aglio, "The Bulgarian Siege of Thessaloniki in 1207: Between History and Hagiography", pp. 272–275 に英訳が提示されている。

19 cf. István Vásáry, *Cumans and Tatars: Oriental Military in the Pre-Ottoman Balkans, 1185–1365*, Cambridge, 2005, p. 53; Victor Spine, *The Great Migrations in the East and South East of Europe From the Ninth to the Thirteenth Century*, Amsterdam, 2006, p. 421f.

20 Alexandru Madgearu, *The Asanids: The Political and Military History of the Second Bulgarian Empire (1185–1280)*, pp. 168–172.

21 Anna Komnene, *Alexias*, eds., Diether R. Reinsch and Athanasios Kambylis, Berlin, 2001, p. 287; Basile Skoulatos, *Les personnages byzantins de l'Alexiade. Analyse prosopographique et synthèse*, Louvain, 1980, no. 139, pp. 213–215.

22 Ivan Jordanov, *Corpus of Byzantine Seals from Bulgaria*, Vol. II: *Byzantine Seals with Family Names*, Sofia, 2006, no. 415–419, pp. 269–271. アンナ・コムネナの「モナストラス」と印章の「ミカエル・モナストラス」を同一人物とみなせるかという点に関する議論は，上記のヨルダノフの考察を参照。

23 Henri de Valenciennes, *Histoire de l'empereur Henri de Constantinople*,

éd., Jean Longnon, Paris, 1948, p. 40.

24 Francesco Dall'Aglio, "The Bulgarian Siege of Thessaloniki in 1207: Between History and Hagiography", p. 278f.

25 イヴァン・ドゥイチェフも，ボリルがカロヤンの王位を継承したのは，王家内で王権を行使できる成人男性が彼だけであったからにすぎず，決してそれが語の厳密な意味での「簒奪」行為とはみなしえない，と論じている。Ivan Dujčev, "Le bague-sceau du roi bulgare Kalojan", *Byzantinoslavica*, 36, 1975, pp. 173–183, esp. p. 182f.

26 cf. Charalambos Bakirtzis, "Byzantine Ampullae from Thessalonica", p. 142.

27 Franz A. Bauer, *Eine Stadt und ihr Patron: Thessaloniki und der Heilige Demetrios*, p. 294.

28 André Grabar, "Quelque reliquaire de saint Démétrios et le martyrium du saint à Salonique", *Dumbarton Oaks Papers*, 5, 1950, pp. 1–28, esp. pp. 3–5.

29 Cyril Mango, *The Art of the Byzantine Empire 312–1453*, Englewood Cliffs, N.J., 1972 (rep. Toronto, 1986), p. 225. そうした壁画製作に込められた政治的な意味合いについては，根津由喜夫『ビザンツ 幻影の世界帝国』講談社選書メチエ，1999年，63–65頁を参照。

30 以下の「カロヤンの墓」に関する基本的な情報は，Ivan Dujčev, "Le bague-sceau du roi bulgare Kalojan" に拠っている。

31 Ivan Dujčev, "Le bague-sceau du roi bulgare Kalojan", pp. 178f., 182.

32 Alexandru Madgearu, *The Asanids: The Political and Military History of the Second Bulgarian Empire (1185–1280)*, p. 172.

33 Konstantin Totev, *Golden Signet-Rings from the Time of the Second Bulgarian Kingdom 1185–1396*, Veliko Tărnovo, 2010, pp. 27, 47, 67, 79, 113–115.

34 Ivan Jordanov, *Corpus of Medieval Bulgarian Seals*, Sofia, 2016, pp. 256–258.

## 第４章　テサロニケ皇帝テオドロス・ドゥーカスの挑戦

1 ミカエル・ドゥーカスによるエペイロス国家の建設に関しては，さしあたり，Donald M. Nicol, *The Despotate of Epiros*, Oxford, 1957, pp. 11–46; Francois Bredenkamp, *The Byzantine Empire of Thessaloniki*

*(1224–1242)*, Thessaloniki, 1996, pp. 57–64などを参照のこと。なお，ミカエルの父ヨハネスは，コンスタンティノス・アンゲロスとテオドラ・コムネナ(皇帝アレクシオス1世の娘)の子どもなので，父方であればアンゲロス，母方ならばコムネノスの苗字を帯びるはずだが，史料では一貫して「ドゥーカス」を名乗っている。これは，彼の母テオドラの母，つまりヨハネスの母方の祖母エイレーネーがドゥーカス家に属していたことに基づいていた。なぜ「ドゥーカス」なのかといえば，11世紀にはほとんど無名だった「アンゲロス」を名乗るのには抵抗があったが，皇帝家の嫡流と同じ「コムネノス」を名乗るほど大胆になりきれなかった，というあたりが真相に近いのではなかろうか。エペイロス君主の苗字表記に関しては，以前は，本来の家名に基づいて「アンゲロス」を用いることが多かったが，近年は，同時代史料の表記にそくして「ドゥーカス」と記すのが一般化しており，本書でもそれに従っている。「ドゥーカス」姓を名乗ったアンゲロス家の成員については，Demetrios I. Polemis, *The Doukai. A Contribution to Byzantine Prosopography*, London, 1968, pp. 85–100を参照。

2 Donald M. Nicol, *The Despotate of Epiros*, p. 42; Donald M. Nicol, "Refugees, Mixed Population and Local Patriotism in Epiros and Western Macedonia after the Fourth Crusade", *XV^e Congrès international d'études byzantines (Athènes, 1976), Rapports et co-rapports*, I/ 2, Athens, 1976, pp. 1–33, esp. p. 20f.

3 cf. Robert Lee Wolff, "The Latin Empire of Constantinople", in Kenneth M. Setton, Robert Lee Wolff and Harry W. Hazard, eds., *A History of the Crusades*, Vol. II: *The Later Crusades, 1189–1311*, Philadelphia, 1962, pp. 187–233, esp. p. 208.

4 Georgios Acropolites, *Opera*, ed., Augustus Heisenberg, 2 Bd., Leipzig, 1903, pp. 24–26; George Akropolites, *The History*, introduction, translation and commentary by Ruth Macrides, Oxford, 2007, pp. 144–147.

5 cf. Günter Prinzing, "A Quasi Patriarch in the State of Epirus: The Autochephalous Archbishop of "Bulgaria" (Ochrid) Demetrius Chomatenos", *Zbornik radova Vizantološkog Instituta*, 41, 2004, pp. 165–182; Id., "The Authority of the Church in Uneasy Times: The Example of Demetrios Chomatenos, Archbishop of Ohrid, in the State

of Epiros 1216–1236", in Pamela Armstrong, ed., *Authority in Byzantium*, Farnham, 2013, pp. 137–150.

6 Georgios Acropolites, *Opera*, p. 26; George Akropolites, *The History*, p. 145.

7 Athanasios Papadopoulos-Kerameus, *Noctes Petropolitanae: сборникъ византiйскихъ текстовъ XII–XIII вѣковъ*, St. Petersburg, 1913 (rep. Leipzig, 1976), p. 270.

8 テオドロス・ドゥーカスの軍によるテサロニケ攻囲については，ビザンツ側の記録が乏しく，詳細を再構成するのは容易ではない。さしあたり，Francois Bredenkamp, *The Byzantine Empire of Thessaloniki (1224–1242)*, pp. 65–79; Jean Longnon, "La reprise de Salonique par les Grecs en 1224", *Actes du VI^e congrès international d'études byzantines*, I, Paris, 1950, pp. 141–146 などを参照のこと。

9 cf. Francois Bredenkamp, *The Byzantine Empire of Thessaloniki (1224–1242)*, p. 77.

10 cf. Kenneth M. Setton, *The Papacy and the Levant, 1204–1571*, Vol. 1: *The Thirteenth and Fourteenth Centuries*, Philadelphia, 1976, p. 53.

11 Leonola Fundić, "Art and Political Ideology in the State of Epiros during the Reign of Theodore Doukas (r. 1215–1230)", *Byzantina Symmeikta*, 23, 2013, pp. 217–250, esp. p. 230.

12 Cécile Morrisson, "The Emperor, the Saint, and the City: Coinage and Money in Thessalonike from the Thirteenth to the Fifteenth Century", *Dumbarton Oaks Papers*, 57, 2003, pp. 173–203, esp. p. 181. テオドロスは，こうした都市の意匠をフリードリヒ２世がシチリアで発行した貨幣から借用した可能性があることをニコス・D・コントギアンニスは指摘している。Nikos D. Kontogiannis, "Translatio Imaginis: Assimilating the Triple-towered Castle in Late Byzantine Coinage", *Byzantinische Zeitschrift*, 106, 2013, pp. 713–744, esp. pp. 738–741.

13 Leonola Fundić, "Art and Political Ideology in the State of Epiros during the Reign of Theodore Doukas (r. 1215–1230)", p. 229. ニコス・D・コントギアンニスも，聖人側から都市を皇帝に手渡しているという解釈を採用している。Nikos D. Kontogiannis, "Translatio Imaginis: Assimilating the Triple-towered Castle in Late Byzantine Coinage", p. 718.

14 テオドロスの貨幣発行によるプロパガンダ政策に関しては，Francois

Bredenkamp, *The Byzantine Empire of Thessaloniki (1224–1242)*, pp. 112–115, 128–130 も参照のこと。

15 テオドロス・ドゥーカスの「皇帝」戴冠以前にミカエル1世やテオドロス自身が発給した文書において，彼らが帯びた唯一の肩書は「セバストクラトールの息子」というあまり見栄えのしないものにすぎなかった。cf. Alkmini Stavridou-Zafraka, "The Political Ideology of the State of Epiros", in Angeliki Laiou, ed., *Urbs capta. The Fourth Crusade and Its Consequences*, Paris, 2005, pp. 311–323, esp. p. 316. 彼らは決してデスポテスの称号を帯びたことはなかったから，エペイロス国家の呼称として流布している「デスポテート(デスポテスの国)」を彼らの時代にまで遡って用いることは，時代錯誤的で適切ではない，ということになる。

16 Georgios Acropolites, *Opera*, p. 40; George Akropolites, *The History*, p. 172; cf. Alkmini Stavridou-Zafraka, "The Empire of Thessaloniki (1224–1242). Political Ideology and Reality", *Byzantiaka*, 19, 1999, pp. 213–222, esp. p. 215.

17 Georgios Acropolites, *Opera*, p. 34; George Akropolites, *The History*, p. 162.

18 Alkmini Stavridou-Zafraka, "The Empire of Thessaloniki (1224–1242). Political Ideology and Reality", p. 215.

19 フランソワ・ブレーデンカンプは，戴冠式の会場を，テサロニケにおける皇帝の居館と隣接していた聖デメトリオス聖堂と想定している。これに対して，アルクミニ・スタヴリドゥ＝ザフラカは，聖ソフィア聖堂説を主張する。本文にも記したように，筆者も後者と同意見である。Francois Bredenkamp, *The Byzantine Empire of Thessaloniki (1224–1242)*, p. 161; Alkmini Stavridou-Zafraka, "The Political Ideology of the State of Epiros", p. 314, n. 22.

20 cf. Alkmini Stavridou-Zafraka, "The Political Ideology of the State of Epiros", p. 320f.

21 バシレイオス2世による，独立オフリド大主教座の設立に関しては，Paul Stephenson, *Byzantium's Balkan Frontier. A Political Study of the Northern Balkans, 900–1204*, Cambridge, 2000, p. 75 を参照。

22 オフリド大主教デメトリオス・コマテノスに対する総主教ゲルマノス2世の質問状については，Günter Prinzing, "Die Antigraphe des

Patriarchen Germanos II. an Erzbischof Demetrios Chomatenos von Ohrid und die Korrespondenz zum nikaisch-epirotischen Konflikt 1212–1233", *Rivista di studi bizantini e slavi*, 3, 1984, pp. 21–64 を参照。さらに，この間のニカイア・エペイロス両教会間の論争については，Donald M. Nicol, *The Despotate of Epiros*, p. 92f.; Francois Bredenkamp, *The Byzantine Empire of Thessaloniki (1224–1242)*, pp. 135–138; Apostolos D. Karpozilos, *The Ecclesiastical Controversy between the Kingdom of Nicaea and the Principality of Epiros (1217–1233)*, Thessalonica, 1973, p. 78f. などもあわせて参照のこと。

23 Ruth J. Macrides, "Bad Historian or Good Lawyer? Demetrios Chomatenos and Novel 131", *Dumbarton Oaks Papers*, 46, 1992, pp. 187–196.

24 *ibid.*, p. 189, p. 194f.; Ruth J. Macrides, "Subversion and Loyalty in the Cult of St Demetrios", *Byzantinoslavica*, 51, 1990, pp. 187–197, esp. p. 194f.

25 cf. Donald M. Nicol, *The Despotate of Epiros*, p. 106f.; Francois Bredenkamp, *The Byzantine Empire of Thessaloniki (1224–1242)*, pp. 141–144.

26 Georgios Acropolites, *Opera*, p. 41; George Akropolites, *The History*, p. 178.

27 Georgios Acropolites, *Opera*, pp. 41–43; George Akropolites, *The History*, p. 178f.

28 Alexandru Madgearu, *The Asanids: The Political and Military History of the Second Bulgarian Empire (1185–1280)*, Leiden, 2016, p. 201.

29 Cécile Morrisson, "The Emperor, the Saint, and the City: Coinage and Money in Thessalonike from the Thirteenth to the Fifteenth Century", p.179; cf. Francois Bredenkamp, *The Byzantine Empire of Thessaloniki (1224–1242)*, p. 200f.

30 Nikos D. Kontogiannis, "Translatio Imaginis: Assimilating the Triple-towered Castle in Late Byzantine Coinage", p. 719f.

31 イヴァン・アセン２世は1237年にハンガリー出身の王妃と死別し，テオドロスの娘エイレーネーと再婚した。これを機に，テオドロスの希望にそって，ブルガリア王は，テサロニケの支配者の座をマヌエルからテオドロスの息子ヨハネスに差し替えさせたというのが通説である。cf. Francois Bredenkamp, *The Byzantine Empire of Thessaloniki*

*(1224–1242)*, p. 233f.

32 Apostolos D. Karpozilos, *The Ecclesiastical Controversy between the Kingdom of Nicaea and the Principality of Epiros (1217–1233)*, pp. 89–95.

33 cf. Francois Bredenkamp, *The Byzantine Empire of Thessaloniki (1224–1242)*, pp. 255–258, 268–271.

第５章　イヴァン・アセン２世と王都タルノヴォ

1 Georgios Acropolites, *Opera*, ed., Augustus Heisenberg, 2 Bd., Leipzig, 1903, p. 24; George Akropolites, *The History*, introduction, translation and commentary by Ruth Macrides, Oxford, 2007, p. 140f.

2 Georgios Acropolites, *Opera*, p. 33; George Akropolites, *The History*, p. 161f. ちなみに，アクロポリテスは，タルノヴォ攻囲の期間を「７年」と記しているが，それは「７カ月」の間違いであろうとする点で識者の見解は一致している。cf. Alexandru Madgearu, *The Asanids: The Political and Military History of the Second Bulgarian Empire (1185–1280)*, Leiden, 2016, p. 193.

3 Georgios Acropolites, *Opera*, p. 42f.; George Akropolites, *The History*, p. 179.

4 Georgios Acropolites, *Opera*, p. 43; George Akropolites, *The History*, p. 179.

5 Michael F. Hendy, *Coinage and Money in the Byzantine Empire, 1081–1261*, Washington, D.C., 1969, p. 296f.

6 Jonathan Shepard, “Crowns from the Basileus, Crowns from Heaven”, in K. Kaimakamova, M. Salamon and M. Smorag Różycka, eds., *Byzantium, New Peoples, New Powers: The Byzantine-Slav Contact Zone, from the Ninth to the Fifteenth Century*, Cracow, 2007, pp. 139–159, esp. p. 153f.; cf. Cécile Morrisson, “The Emperor, the Saint, and the City: Coinage and Money in Thessalonike from the Thirteenth to the Fifteenth Century”, *Dumbarton Oaks Papers*, 57, 2003, pp. 173–203, esp. p. 188, Fig. 58.

7 この黄金印璽については，Cyril Pavlikianov, *The Mediaeval Greek and Bulgarian Documents of the Athonite Monastery of Zographou (980–1600)*, Sofia, 2014, p. 576f.; Ivan Jordanov, *Corpus of Medieval Bulgarian*

*Seals*, Sofia, 2016, pp. 217–219 などから基本的な情報が得られる。

8 ゾーグラフウ修道院の歴史に関して，より詳しくは，Mihail Enev, *Mount Athos: Zograph Monastery*, Sofia, 1994, esp. pp. 295–309 を参照。

9 Peter Schreiner, "Der thronende Demetrius. Ikonographie und politische Bedeutung eines Siegels Ivan Asen II", in Peter Schreiner, *Studia Byzantino-Bulgarica*, Wien, 1986, pp. 95–104, 引用箇所は p. 104.

10 Franz A. Bauer, *Eine Stadt und ihr Patron: Thessaloniki und der Heilige Demetrios*, Regensburg, 2013, p. 305. バウアーが参照しているマヌエル・フィレスの詩の原文は，Manuel Philes, *Carmina*, ed. E. Miller, 2 vols., Paris, 1855 (rep. Amsterdam, 1967), Vol. 1, p. 119.

11 Henry Maguire, *The Icons of Their Bodies: Saints and Their Images in Byzantium*, Princeton, 1996, p. 76f.

12 「40人殉教者」聖堂の建築遺構，とりわけ聖堂本体よりもあとに建てられた付属建築に関しては，Stefan Bojadžiev, "L'église des Quarante Martyrs à Tarnovo", *Études balkaniques*, 7–3, 1971, pp. 143–158 を参照。

13 碑文の原文と独語訳は，Phaidon Malingoudis, *Die Mittelalterlichen Kyrillischen Inschriften der Hämushalbinsel*, Teil I: *Die Bulgarischen Inschriften*, Thessaloniki, 1979, pp. 53–59 を参照。英訳は，Kiril Petkov, *The Voice of Medieval Bulgaria, Seventh-Fifteenth Century: The Records of a Bygone Culture*, Leiden, 2008, p. 425 に収録されている。

14 cf. Alexandru Madgearu, *The Asanids: The Political and Military History of the Second Bulgarian Empire (1185–1280)*, p. 214f.

15 ビザンツ皇帝ヨハネス２世コムネノス(在位1118～43)によるパントクラトール修道院設立文書については，Paul Gautier, éd., *Le Typikon du Christ Sauveur Pantocrator*, Paris, 1974 を参照。また，同修道院に関する最新の共同研究の成果としては，Sofia Kotzabasi, ed., *The Pantocrator Monastery in Constantinople*, Boston - Berlin, 2013 がある。

16 cf. Jelena Erdeljan, *Constructing New Jerusarems in Slavia Orthodoxia*, Leiden, 2017, p. 163.

17 811年，ブルガリア君主クルムによるニケフォロス１世の遠征軍撃破については，Paul Stephenson, "'About the Emperor Nikephoros and how He leaves his Bones in Bulgaria.' A Context for the Controversial Chronicle of 811", *Dumbarton Oaks Papers*, 60, 2006, pp. 87–109; John Wortley, "Legends of the Byzantine Disaster of 811", *Byzantion*, 50,

1980, pp. 533–562 などを参照。

18 同碑文の英訳は，Kiril Petkov, *The Voice of Medieval Bulgaria, Seventh-Fifteenth Century: The Records of a Bygone Culture*, p. 11 を参照。cf. Francesco Dall'Aglio, "Shifting Capitals and Shifting Identities: Pliska, Preslav, Tărnovo and the Self-perception of a Medieval Nation", *Bulgaria Mediaevalis*, 2, 2011, pp. 587–601, esp. p. 601.

19 Georgios Acropolites, *Opera*, pp. 47f., 50f.; George Akropolites, *The History*, pp. 191f., 194–196.

20 927年，第１ブルガリア王国が総主教座をいただくことをビザンツ側から承認されたのも，ブルガリア君主ペータルと皇帝ロマノス１世レカペノスの孫娘マリアの結婚を契機としていた。cf. Jonathan Shepard, "A Marrige too Far? Maria Lekapena and Peter of Bulgaria", in Adelbert Davids, ed., *The Empress Theophano: Byzantium and the West at the Turn of the First Millennium*, Cambridge, 1995, pp. 121–149, esp. p. 130; 邦語では，ロバート・ブラウニング（金原保夫訳）『ビザンツ帝国とブルガリア』東海大学出版会，1995年，82頁を参照。

21 cf. Vasilka Tăpkova-Zaimova, "Tirnovo entre Jérusalem, Rome et Constantinople. L'idée d'une capitale", in *Da Roma alla Terza Roma. Documenti e studi 5. Roma fuori da Roma*, Roma, 1993, pp. 141–155, esp. p. 150; Vassil Gjuzelev, "Hauptstädt, Rezidenzen und Hofkultur im mittelalterlichen Bulgarien (7.–14. Jh.). Vom Nomadencampus bis zum Zarenhof", *Etudes balkaniques*, 27–2, 1991, pp. 82–105, esp. p. 95f.

22 Jelena Erdeljan, *Constructing New Jerusarems in Slavia Orthodoxia*, p. 162.

23 ペータル治下のブルガリアについては，さしあたり，Paul Stephenson, *Byzantium's Balkan Frontier. A Political Study of the Northern Balkans, 900–1204*, Cambridge, 2000, pp. 23–25; ロバート・ブラウニング（金原保夫訳）『ビザンツ帝国とブルガリア』82–86頁などを参照のこと。

24 Kiril Petkov, *The Voice of Medieval Bulgaria, Seventh-Fifteenth Century: The Records of a Bygone Culture*, p. 196.

25 Ivan Biliarsky, "Saint Jean de Rila et saint tsar Pierre. Les destins de deux cultes du Xème siècle", in Katerina Nikolaou and Kostas Tsiknakis, eds., *Byzantium and Bulgarians (1018–1185)*, Athens, 2008, pp. 161–174, esp. p. 168f.; Id., "St. Peter (927–969), Tsar of the Bulgarians", in

Vassil Gjuzelev and Kiril Petkov, eds., *State and Church: Studies in Medieval Bulgaria and Byzantium*, Sofia, 2011, pp. 173-188; Jelena Erdeljan, *Constructing New Jerusarems in Slavia Orthodoxia*, pp. 166-168.

26 ビザンツ帝国におけるコンスタンティヌス大帝崇敬に関しては，Paul Magdalino, *New Constantines: The Rhythm of Imperial Renewal in Byzantium, 4th-13th Centuries*, Aldershot, 1994所収の諸論文，および Friedhelm Winkelmann, "Das hagiographische Bild Konstantins I. in mittelbyzantinischer Zeit", in Vladimir Vavřínek, Hersg., *Beiträge zur byzantinischen Geschichte im 9.-11. Jahrhundert*, Praha, 1978, pp. 179-203 などを参照。

27 Jelena Erdeljan, *Constructing New Jerusarems in Slavia Orthodoxia*, pp. 166-170; Ivan Biliarsky, "The Cult of Saint Petka and the Constantinopolitan Marial Cult", in Ivan Biliarsky et Radu G. Păun, éd., *Les cultes des saints souverains et des saints guerriers et l'idéologie du pouvoir en Europe Centrale et Orientale, Actes du colloque international, janvier 2004, New Europe College, Bucarest*, Bucarest, 2007, pp. 81-104.

28 Ivan Biliarsky, "The Cult of Saint Petka and the Constantinopolitan Marial Cult", p. 95 and n. 46; Vasilka Tăpkova-Zaimova, "Tirnovo entre Jérusalem, Rome et Constantinople. L'idée d'une capitale", p. 153.

29 Jelena Erdeljan, *Constructing New Jerusarems in Slavia Orthodoxia*, p. 158.

30 cf. Vassil Gjuzelev, "Hauptstädt, Rezidenzen und Hofkultur im mittelalterlichen Bulgarien (7.-14. Jh.). Vom Nomadencampus bis zum Zarenhof", p. 99; Id., "Die Residenzen Tărnovo, Bdin und Kaliakra und ihre höfische Kultur", in Reinhard Lauer und Hans Georg Majer, Hersg., *Höfische Kultur in Südosteuropa: Bericht der Kolloquien der Südosteuropa-Kommission 1988 bis 1990*, Göttingen, 1994, pp. 59-73, esp. p. 62.

31 Konstantin Dochev, "Tŭrnovo, Sixth-Fourteenth Centuries", in Angeliki E. Laiou, ed., *The Economic History of Byzantium: From the Seventh through the Fifteenth Century*, 3 vols., Washington, D.C., 2002, Vol. 2, pp. 673-678, esp. p.675.

32 Vasilka Tăpkova-Zaimova, "Les legends sur Salonique - ville sainte - et la

conversion des Bulgares", in Anthony-Emil N. Tachiaos, ed., *The Legacy of Saints: Cyril and Methodius to Kiev and Moscow. Proceeding of the International Congress of Rus' to Christianity, Tessaloniki, 26–28 Nov.* 1988, Thessaloniki, 1992, pp. 133–141, esp. p. 139.

33 Vasilka Tăpkova-Zaimova, "Les legends sur Salonique - ville sainte - et la conversion des Bulgares", pp. 133–141, esp. p. 134.

34 Vasilka Tăpkova-Zaimova et Anissava Miltenova, *Historical and Apocalyptic Literature in Byzantium and Medieval Bulgaria*, Sofia, 2011, pp. 78–80.

35 Kiril Petkov, *The Voice of Medieval Bulgaria, Seventh-Fifteenth Century: The Records of a Bygone Culture*, p. 202.

第６章　テサロニケ　セルビア人の心の都

1 Constantine Porphyrogenitus, *De administrando imperio*, Greek Text edited by Gy. Moravcsik and English Translation by R. J. H. Jenkins, Washington, D.C., 1967, pp. 152–161. cf. John V. A. Fine, Jr., *The Early Medieval Balkans: A Critical Survey from the Sixth to the Late Twelfth Century*, Ann Arbor, 1983, pp. 49–59.

2 Constantine Porphyrogenitus, *De administrando imperio*, Greek Text edited by Gy. Moravcsik and English Translation by R. J. H. Jenkins, p. 126f.

3 Scylitzes Continuatus, *'Η Συνέεια της χρονοραφίας*,, ed., E. T. Tsolakes, Thessalonique, 1968, pp. 162–166; Jean-Claude Cheynet, *Pouvoir et contestation à Byzance (963–1210)*, Paris, 1990, p. 79.

4 Paul Stephenson, *Byzantium's Balkan Frontier. A Political Study of the Northern Balkans, 900–1204*, Cambridge, 2000, p. 142; Alexandru Madgearu, *The Asanids: The Political and Military History of the Second Bulgarian Empire (1185–1280)*, Leiden, 2016, p. 38.

5 Anna Komnene, *Alexias*, eds., Diether R. Reinsch and Athanasios Kambylis, Berlin, 2001, p. 130 et 135.

6 Jean-Claude Cheynet, "La place de Serbie dans la diplomatie byzantine à la fin du XI[e] siècle", *Zbornik radova Vizantološkog Instituta*, 45, 2008, pp. 89–97; Vlada Stanković, "The Character and Nature of Byzantine Influence in Serbia (from the End of the Eleventh to the End of the

Thirteenth Century): Reality-Policy-Ideology", in Mabi Angar and Claudia Sode, eds., *Serbia and Byzantium: Proceedings of the International Conference Held on 15 December 2008 at the University of Cologne*, Frankfurt am Main, 2013, pp. 75–93, esp. p. 83f.

7 Anna Komnene, *Alexias*, eds., Diether R. Reinsch and Athanasios Kambylis, p. 96; Basile Skoulatos, *Les personnages byzantins de l'Alexiade. Analyse prosopographique et synthèse*, Louvain, 1980, pp. 5–8.

8 1082年，皇帝アレクシオス１世コムネノスのヴェネツィア宛黄金印璽文書。ヴェネツィア人には，元首へのプロートセバストス称号の授与だけでなく，コンスタンティノープルの金角湾沿いに船着場３箇所と独自の教会付の専用の居留地や帝国全土における自由交易権など，数々の特権が授けられた。Marco Pozza e Giorgio Ravegnani, a cura di, *I Trattati con Bisanzio 992–1198*, Venezia, 1993, pp. 27–45; Franz Dölger und Peter Wirth, *Regesten der Kaiserurkunden des oströmischen Reichs*, 2. Teil, *Regesten von 1025–1204*, 2 Aufl., München, 1995, pp. 93–95.

9 Ioannnes Kinnamos, *Epitome rerum ab Ioanne et Alexio [Manuele] Comnenis gestarum*, ed., A. Meineke, Bonn, 1836, p. 271.

10 Eustathios of Thessaloniki, *The Capture of Thessaloniki*, A Translation with Introduction and Commentary by John R. Melville Jones, Canberra, 1988, p. 94f.

11 ステファン・ネマニァの反乱の経緯については，Ioannnes Kinnamos, *Epitome rerum ab Ioanne et Alexio [Manuele] Comnenis gestarum*, p. 287f. コンスタンティノープルにおける彼の屈辱的経験については，Cyril Mango, *The Art of the Byzantine Empire 312–1453*, Englewood Cliffs, N.J., 1972 (rep. Toronto, 1986), p. 225. 邦語では，根津由喜夫『ビザンツ 幻影の世界帝国』講談社選書メチエ，1999年，63–65頁を参照。

12 *The Crusade of Frederick Barbarossa: The History of the Expedition of the Emperor Frederick and Related Texts*, translated by Graham A. Loud, Farnham, 2010, pp. 61–63.

13 Franz Dölger und Peter Wirth, *Regesten der Kaiserurkunden des oströmischen Reichs*, 2. Teil, *Regesten von 1025–1204*, Nr. 1605, p. 305.

14 チャールズ・M・ブラントは，この縁談が結ばれた時期を1185〜87年のあいだと推定している。Charles M. Brand, *Byzantium Confronts the*

*West, 1180–1204*, Cambridge, Mass., 1968, pp. 80 et 120. しかし，この時期は両国はまだ交戦状態にあったから，ここでは，それを1190年代初頭のビザンツ・セルビア和平成立後に想定するV・スタンコヴィッチの説に賛同したい。Vlada Stanković, “Rethinking the Position of Serbia within Byzantine *Oikoumene* in the Thirteenth Century”, in Id., ed., *The Balkans and Byzantine World before and the after Captures of Constantinople*, Lanham, 2016, pp. 91–102, esp. p. 92f.

15 Vlada Stanković, “Rethinking the Position of Serbia within Byzantine Oikoumene in the Thirteenth Century”, p. 93.

16 聖サヴァの評伝については，Dimitri Obolensky, *Six Byzantine Portraits*, Oxford, 1988, pp. 115–172 を参照。

17 Franz Dölger und Peter Wirth, *Regesten der Kaiserurkunden des oströmischen Reichs*, 2. Teil, *Regesten von 1025–1204*, Nr. 1644, 1645, 1646, p. 325f. シメオンとサヴァ父子によるヒランダル修道院再建事業に関しては，Mirjana Živojinović, Vassiliki Kravari, Christophe Giros, éd., *Actes de Chilandar*, tome I: *Des origins à 1319*, Paris, 1998, pp. 22–32, 邦語では，ディミトリエ・ボグダノヴィチ，ボイスラブ・J・ジューリッチ，デヤン・メダコヴィチ(田中一生・鐸木道剛訳)『ヒランダル修道院』恒文社，1995年，36–42頁を参照。皇帝アレクシオス3世が，サヴァに交付した黄金印璽文書は，Sophie Métivier, éd., *Economie et société à Byzance (VIIIe–XIIe siècle): textes et documents*, Paris, 2007, pp. 111–113 において仏語訳で読むことができる。

18 教皇使節によるステファンの戴冠前後のサヴァの行動をいかに解釈するか，という問題に関しては，Dimitri Obolensky, *Six Byzantine Portraits*, pp. 146–148 においても議論されている。

19 cf. Božidar Ferjančić and Ljubomir Maksimović, “Sava Nemanjić and Serbia between Epiros and Nicaea”, *Balcanica*, 45, 2014, pp. 37–54.

20 cf. Jelena Erdeljan, “Studenica. A New Perspective?”, in Mabi Angar and Claudia Sode, eds., *Serbia and Byzantium: Proceedings of the International Conference Held on 15 December 2008 at the University of Cologne*, Frankfurt am Main, 2013, pp. 32–43.

21 Janko Radovanović, “Heiliger Demetrius -Die Ikonographie seines Lebens auf den Fresken des Kloster Dečani”, dans *L'art de Thessalonique et des pays balkaniques et les courants spirituels au XIVe siècle*,

Belgrade, 1987, pp. 75–88, esp. p. 75; Franz A. Bauer, *Eine Stadt und ihr Patron: Thessaloniki und der Heilige Demetrios*, Regensburg, 2013, p. 307.

22 ステファン・ウロシュ１世治下のセルビアに関しては，さしあたり，John V. A. Fine, Jr., *The Late Medieval Balkans: A Critical Survey from the Late Twelfth Century to the Ottoman Conquest*, Ann Arbor, 1994, pp. 199–204 を参照。

23 Georges Pachymérès, *Relations historiques*, éd., Albert Failler, II, Paris, 1984, p. 452f. このできごとの年代に関しては，研究者の見解が一致していない。ディミトリ・オボレンスキーは1266年，ジョン・V・A・ファインは1268年頃，ヴラダ・スタンコヴィッチは1269〜70年とそれぞれ主張している。さらにファインは，羊毛を紡いでいた若い女性を，王の長男ドラグディンの嫁(ハンガリー王イシュトヴァーン５世の娘)と同定しているが，パキュメレスの記述からそこまで読み込むのは少し無理があるようにも思われる。cf. Dimitri Obolensky, *The Byzantine Commonwealth: Eastern Europe, 500–1453*, London, 1974, p. 326; John V. A. Fine, Jr., *The Late Medieval Balkans: A Critical Survey from the Late Twelfth Century to the Ottoman Conquest*, p. 204; Vlada Stanković, "The Character and Nature of Byzantine Influence in Serbia (from the End of the Eleventh to the End of the Thirteenth Century): Reality - Policy - Ideology", p. 90.

24 Dimitri Obolensky, *The Byzantine Commonwealth: Eastern Europe, 500–1453*, p. 325f. 引用箇所は，*ibid.*, p. 326.

25 メトキテスが残した使節業務報告書が現存している。テキストの校訂版は，Léonidas Mavromatis, *La fondation de l'empire serbe: le kralj Milutin*, Thessalonike, 1978, pp. 89–119 に収録されている。

26 Léonidas Mavromatis, *La fondation de l'empire serbe: le kralj Milutin*, p. 103f.

27 Vojislav J. Djurić, "L'art des Paléologues et l'État serbe. Rôle de la Cour et de l'Église serbes dans la première moitié du XIVe siècle", dans *Art et société à Byzance sous les Paléologues: Actes du Colloque organisé par l'Association internationale des études byzantines à Venise en septembre 1968*, Venise, 1971, pp. 177–191, esp. p. 180f.

28 Raymond Janin, *La géographie ecclésiastique de l'empire byzantin*, I: *Le siège de Constantinople et le patriarcat oecuménique*, 3: *Les églises et les*

*monastères*, 2éd., Paris, 1969, p. 563.

29 Léonidas Mavromatis, *La fondation de l'empire serbe: le kralj Milutin*, p. 62; Mirjana Živojinović, Vassiliki Kravari, Christophe Giros, éd., *Actes de Chilandar*, tome I: *Des origins à 1319*, pp. 39–52.

30 Vojislav J. Djurić, "L'art des Paléologues et l'État serbe. Rôle de la Cour et de l'Église serbes dans la première moitié du XIVe siècle", p. 187f.

31 Ivan M. Djordjević, "Der Heilige Demetrios in der serbischen adligen Stiftungen aus der Zeit der Nemaniden", dans *L'art de Thessalonique et des pays balkaniques et les courants spirituels au XIVe siècle*, Belgrade, 1987, pp. 67–73.

32 Georges Pachymérès, *Relations historiques*, éd., Albert Failler, IV, Paris, 1999, pp. 412–415; Léonidas Mavromatis, *La fondation de l'empire serbe: le kralj Milutin*, p. 60.

33 Nikephoros Gregoras, *Byzantina Historia*, eds., Ludwig Schopen and Immanuel Bekker, 3 vols., Bonn, 1829–1855 (rep. Cambridge, 2012), Vol. 1, p. 373f.

34 Branislav Todić and Milka Čanak Medić, *The Dečani Monastery*, Belgrade, 2013, p. 15; Bratislav Pantelic, *The Architecture of Dečani and the Role of Archbishop Danilo II*, Wiesbaden, 2002, p. 21.

35 Mark Bartusis, "The Settlement of Serbs in Macedonia in the Era of Dušan's Conquests", in Hélène Ahrweiler and Angeliki E. Laiou, eds., *Studies on the Internal Diaspora of the Byzantine Empire*, Washington, D.C., 1998, pp. 151–159, esp. p. 152f.; David Jacoby, "Foreigners and the Urban Economy in Thessalonike, ca. 1150–ca. 1450", *Dumbarton Oaks Papers*, pp. 85–132, esp. p. 87.

36 Mark Bartusis, "The Settlement of Serbs in Macedonia in the Era of Dušan's Conquests", p. 159.

37 Franz A. Bauer, *Eine Stadt und ihr Patron: Thessaloniki und der Heilige Demetrios*, p. 311.

38 Anka Stojaković, "Quelque representation de Salonique dans la peinture médiévale serbe", dans *Χαριστήριον εἰς Ἀναστάσιον Κ. Ὀρλάνδον*, II, Athènes, 1964, pp. 25–48, esp. pp. 33–35.

39 Milka Čanak-Medić and Branislav Todić, *The Monastery of the Patriarchate of Peć*, Novi Sad, 2017.

40 Anka Stojaković, "Quelque representation de Salonique dans la peinture médiévale serbe", pp. 25–29.

41 Janko Radovanović, "Heiliger Demetrius -Die Ikonographie seines Lebens auf den Fresken des Kloster Dečani", pp. 76–87.

42 ヴェルビュズドの会戦のあらましについては，さしあたり，V. A. Fine, Jr., *The Late Medieval Balkans: A Critical Survey from the Late Twelfth Century to the Ottoman Conquest*, pp. 271–274 を参照のこと。

43 Georg Ostrogorsky, *Geschichte des byzantinisehen Staats*, 3 Aufl., München, 1963, p. 416. 邦訳：ゲオルグ・オストロゴルスキー（和田廣訳）『ビザンツ帝国史』恒文社，2001年，655頁（本文では訳文を一部，変更している）。

44 Branislav Todić and Milka Čanak Medić, *The Dečani Monastery*, p. 406, n. 224.

45 Jonathan Shepard, "Manner Maketh Romans? Young Barbarians at the Emperor's Court", in Elizabeth Jeffreys, ed., *Byzantine Style, Religion and Civilization: in Honour of Sir Steven Runciman*, Cambridge, 2006, pp. 135–158, esp. pp. 145–148.

46 Nikephoros Gregoras, *Byzantina Historia*, Vol. 2, p. 747.

終章　オスマン支配下の「和解」

1 14世紀半ばからビザンツ帝国滅亡までの歴史の概観については，John V. A. Fine, Jr., *The Late Medieval Balkans: A Critical Survey from the Late Twelfth Century to the Ottoman Conquest*, Ann Arbor, 1994, pp. 343–612; Donald M. Nicol, *The Last Centuries of Byzantium 1261–1453*, 2ed., Cambridge, 1993, pp. 251–412 などを参照のこと。

2 André Grabar, *La peinture religieuse en Bulgarie*, Paris, 1928, p. 300f.

3 Sašo Korunovski and Elizabeta Dimitrova, *Painting and Architecture in Medieval Macedonia*, Skopje, 2011, pp. 40–42.

4 以下の記述は，Ivan Dujčev, "I *Miracula S. Demtrii Thessalonicensis* di Giovanni Stauracio in traduzione slava medieval", *Rivista di studi bizantini e neoellenici. N.S*, 14–16, 1977–1979, pp. 239–247; Vasilka Tăpkova-Zaimova et Pavlina Bojčeva, "Le Logos de Jean Staurakios en l'honneur de Saint Démétrius et sa traduction bulgare, attribuée à Vladislav le Grammairien", *Revue des Études Sud-Est européennes*, 35,

1997, pp. 159-170; Vasilka Tăpkova-Zaimova, "Religion et lègende dans la literature hagiographique (Saint Démétrius et le tzar bulgare Kalojean)", *Bollettino della Badia Greca di Grottaferrata*, ser. 3, Bd. 2, 2005, pp. 221-237, esp. p. 224 の考察に拠っている。

5 Ivan Dujčev, "I *Miracula S. Demtrii Thessalonicensis* di Giovanni Stauracio in traduzione slava medieval", p. 245f.

6 Ivan Dujčev, "I *Miracula S. Demtrii Thessalonicensis* di Giovanni Stauracio in traduzione slava medieval", p. 244f.

7 Leopold Kretzenbacher, "Die griechische Reiterheilige Demetrios und sein schon überwundener Gegner. Zur Mehrfachdeutung eines überlieferten Bildmotives in Südosteuropa", *Münchner Zeitschrift für Balkankunde*, 7-8, 1991, pp. 131-140.

8 このイコンに関する図録の解説には，聖人に成敗されている人物は，「皇帝マクシミアヌスないしはブルガリアのツァーリ，カロヤン」と記されている。*National Museum of Bulgarian Fine Arts: Medieval and Renaissance Orthodox Art: The Crept*, Sofia, 2011, p. 42. こうした特定を避けるような表記に現代ブルガリア人の複雑な心持ちを感じるのは深読みがすぎるだろうか。

9 フレリョの塔内部のフレスコ壁画に関しては，Dora Piguet-Panayotova, *Recherches sur la peinture en Bulgarie du bas Moyen Âge*, Paris, 1987, pp. 255-307 を参照。

10 *Holy Rila Monastery*, Photo by Kostadin Otonov, Antoaneta Seimenska and Emanuil Bastrev, Rila Monastery, 2014, p. 12.

11 Vasilka Tăpkova-Zaimova, "Religion et lègende dans la literature hagiographique (Saint Démétrius et le tzar bulgare Kalojean)", p. 230 and p. 233, fig. 4.

# 図版出典一覧

口絵　すべて著者撮影

目次脇地図　Paul Stephenson, *Byzantium's Balkan Frontier: A Political Study of the Northern Balkans, 900–1204*, Cambridge, 2000 所収の地図をもとに作成

図 1　Alain Ducellier, *Byzance et le monde orthodoxe*, Paris, 1986, p. 312.

図 2　著者撮影

図 3　著者撮影

図 4　Philip Grierson, *Byzantine Coins*, London, 1982, Plate 59.

図 5　Ivan Jordanov, *Corpus of Byzantine Seals from Bulgaria*, Vol. III, Sofia, 2009, p. 1158.

図 6　Franz A. Bauer, *Eine Stadt und ihr Patron: Thessaloniki und der Heilige Demetrios,* Regensburg, 2013, p. 292.

図 7　著者撮影

図 8　Konstantin Totev, *Golden Signet-Rings from the Time of the Second Bulgarian Kingdom 1185–1396*, Veliko Tărnovo, 2010, p. 135.

図 9　André Grabar, "Quelque reliquaire de saint Démétrios et le martyrium du saint à Salonique", *Dumbarton Oaks Papers*, 5, 1950, Fig. 1–2.

図10　Franz A. Bauer, *Eine Stadt und ihr Patron: Thessaloniki und der Heilige Demetrios*, Regensburg, 2013, p. 282.

図11　著者撮影

図12　著者撮影

図13　Konstantin Totev, *Golden Signet-Rings from the Time of the Second Bulgarian Kingdom 1185–1396*, Veliko Tărnovo, 2010, p. 154.

図14　著者撮影

図15　著者撮影

図16　著者撮影

図17　Cécile Morrisson, "The Emperor, the Saint, and the City: Coinage and Money in Thessalonike from the Thirteenth to the Fifteenth Century", *Dumbarton Oaks Papers*, 57, 2003, pp. 173–203, no. 7, 8.

図18　著者撮影

図19　Cécile Morrisson, "The Emperor, the Saint, and the City: Coinage and Money in Thessalonike from the Thirteenth to the Fifteenth Century", *Dumbarton Oaks Papers*, 57, 2003, p. 179, Fig. 14.

図20　Franz A. Bauer, *Eine Stadt und ihr Patron: Thessaloniki und der Heilige Demetrios*, Regensburg, 2013, p. 293.

図21　Monk Chariton, *Images of Athos*, Mount Athos, 1997, p.171

図22　Cyril Pavlikianov, *The Mediaeval Greek and Bulgarian Documents of the Athonite Monastery of Zographou (980–1600)*, Sofia, 2014, p. 632.

図23　Philip Grierson, *Byzantine Coins*, London, 1982, Plate 75.

図24　Philip Grierson, *Byzantine Coins*, London, 1982, Plate 76.

図25　著者撮影

図26　著者撮影

図27　著者撮影

図28　Monk Chariton, *Images of Athos*, Mount Athos, 1997, p.119

図29　著者撮影

図30　著者撮影

図31　著者撮影

図32　著者撮影

図33　著者撮影

図34　著者撮影

図35　著者撮影

図36　著者撮影

図37　著者撮影

図38　著者撮影

図39　著者撮影

図40　George Christos Soulis, *The Serbs and Byzantium during the Reign of Tsar Stephen Dušan (1331–1355) and His Successors*, Washington, D.C., 1984 所収の地図をもとに作成

図41　著者撮影

図42　Franz A. Bauer, *Eine Stadt und ihr Patron: Thessaloniki und der Heilige Demetrios*, Regensburg, 2013, p. 293.

図43　著者撮影

図44　著者撮影

図45　*National Museum of Bulgarian Fine Arts: Medieval and Renaissance*

*Orthodox Art: The Crept*, Sofia, 2011, p. 43.

図46　*Holy Rila Monastery*, Photo by Kostadin Otonov, Antoaneta Seimenska and Emanuil Bastrev, Rila Monastery, 2014, p. 12.

カバー表　聖デメトリオス(右)と弟子ネストル(左)の肖像(デチャニ修道院，コソヴォ)　著者撮影

カバー裏　聖デメトリオス聖堂遠景(ヴェリコ・タルノヴォ，ブルガリア)　著者撮影

根津 由喜夫　ねづ ゆきお

1961年群馬県生まれ．金沢大学法文学部史学科卒業，京都大学大学院文学研究科博士課程単位取得満期退学，博士(文学，京都大学)
現在，金沢大学人間社会研究域歴史言語文化学系教授(人文学類担当)
主要著書：『ビザンツ　幻影の世界帝国』(講談社 1999)，『ビザンツの国家と社会』(山川出版社 2008)，『夢想のなかのビザンティウム――中世西欧の「他者認識」』(昭和堂 2009)，『図説　ビザンツ帝国――刻印された千年の記憶』(河出書房新社 2011)，『ビザンツ貴族と皇帝政権――コムネノス朝支配体制の成立過程』(社会思想社 2012)，『ビザンツ　交流と共生の千年帝国』(共編，昭和堂 2013)
主要訳書：ジュディス・ヘリン『ビザンツ　驚くべき中世帝国』(共訳，白水社 2010)

聖《せい》デメトリオスは我《われ》らとともにあり
中世《ちゅうせい》バルカンにおける「聖性《せいせい》」をめぐる戦《たたか》い

2020年4月1日　1版1刷　印刷
2020年4月10日　1版1刷　発行

著　者　根津由喜夫《ねづゆきお》

発行者　野澤伸平

発行所　株式会社　山川出版社

〒101-0047　東京都千代田区内神田1-13-13
電話　03(3293)8131(営業)　03(3293)8134(編集)
https://www.yamakawa.co.jp/
振替　00120-9-43993

印刷所　株式会社　プロスト

製本所　株式会社　ブロケード

装　幀　黒岩二三[fomalhaut]


Printed in Japan　ISBN978-4-634-67248-2